La petite fille
à la balançoire

La petite fille à la balançoire
**se prolonge sur les sites www.arenes.fr
et www.leprojetimagine.com**

Responsable éditorial : Jean-Baptiste Bourrat
Coordination éditoriale : Stéphanie Reis Pilar
Révision : Nathalie Capiez
Mise en page : Daniel Collet (In folio)

© Éditions des Arènes, Paris, 2013
Tous droits réservés pour tous pays.

Éditions des Arènes
27 rue Jacob, 75006 Paris
Tél : 01 42 17 47 80
arenes@arenes.fr

Frédérique Bedos
avec Valérie Péronnet

La petite fille à la balançoire

TÉMOIGNAGE

les arènes

À mes mamans !
À celle qui m'a donné la vie, qui m'a allaitée avec tendresse et qui m'a confiée.
À celle qui m'a recueillie, qui m'a nourrie et qui m'a relevée.
Merci pour votre amour qui m'a sauvée.

« Il n'y a que deux façons de vivre sa vie. L'une en faisant comme si rien n'était un miracle, l'autre en faisant comme si tout était un miracle. »

Albert Einstein (1879-1955)

ELLE S'APPELLE JEANNE. De son enfance, je ne sais pas grand-chose, à part ce qu'elle m'a raconté. Mais j'ai appris, depuis le temps, qu'il faut toujours se méfier de ce que raconte Jeanne : c'est parfois vrai, parfois moins, même si la plupart du temps elle croit absolument à ce qu'elle dit. C'est sa vérité, le temps qu'elle sorte de sa bouche et qu'elle s'évapore pour laisser place à une autre vérité, pas tout à fait différente de la première, mais pas tout à fait pareille non plus. La vérité de Jeanne lui ressemble : elle est fantasque, aléatoire, approximative, fantaisiste. Changeante. Parfois très séduisante, et parfois vraiment effrayante.

Jeanne est née à Elbœuf, en Normandie, en 1950, dans une famille dont j'ignore tout, sauf qu'elle était sans doute un peu gitane et assurément très déglinguée. Une famille de misère et de chagrins, de parents absents et d'enfants placés. Je ne suis même pas sûre que Jeanne sache exactement combien elle a de frères et sœurs, mais je suis certaine qu'elle n'a aucune idée de ce qu'ils sont devenus. Elle, la seule personne qui l'intéressait vraiment, c'était sa maman. Ou plutôt une maman : elle a passé toute son enfance, et même toute sa vie, je crois bien, à se chercher une maman. Pas une comme ces femmes des familles d'accueil de l'Assistance publique qui lui interdisaient de les appeler maman. Non. Une vraie, une qui l'aimerait à la vie à la mort, qui la consolerait de tous les malheurs du monde, et la sauverait enfin de cette enfance si dure et de cette adolescence si chaotique. Comme elle ne l'a pas trouvée en Normandie, elle s'est enfuie à Paris.

Elle devait avoir quinze ou seize ans quand elle a fait sa dernière fugue, la bonne, celle qui a découragé les services sociaux de lui courir après. Elle s'est lancée à l'assaut de Paris comme elle faisait pour tout : à corps perdu, sans penser à demain. Ce que Jeanne dit de ces années-là ressemble à la bohème que chante Charles Aznavour : la débrouille, la liberté, les artistes, la rue. Elle joue avec les mots, récite des poèmes, dégaine son harmonica pour une petite rengaine. Elle dessine, elle peint ; elle pose, peut-être. Elle lit, elle disserte, elle tourne autour de l'École des beaux-arts où elle parvient à entrer, mais où elle n'arrive pas à rester. Jeanne ne sait rester nulle part, ce qu'elle commence, elle ne le finit pas.

Elle ne saurait pas s'asseoir et prendre des cours pendant des heures, ni tenir un poste quelconque, se glisser dans un cadre, accepter les contraintes. Elle est un feu follet, un moineau des faubourgs comme dirait Piaf ; un oiseau sur la branche, qui volette et picore la vie au gré de ses envies.

Jeanne n'a pas beaucoup d'instruction, mais elle est cultivée. Elle aime les livres, la grande musique et l'opéra, les tableaux et les belles conversations. Elle est gourmande, curieuse, excentrique, étrange, culottée. Elle vit à droite à gauche, sur un sofa qu'on lui prête dans le coin d'un salon, dans une chambre de bonne, chez l'un ou chez l'autre. Je ne connais pas de photos de cette époque-là, mais je vois bien à quoi elle pouvait ressembler. Brunette aux yeux noirs et ardents, pas vraiment belle mais du chien, ou plutôt du chat sauvage, une petite gueule à la Jeanne Moreau, un rire éclatant. Et la fraîcheur de ses même pas vingt ans. J'imagine bien à quoi peut ressembler sa vie, aussi, dans un Paris qui prépare un joli mois de mai dont elle ne m'a jamais rien dit – elle était là, pourtant, aux premières loges –, entre les caves de Saint-Germain-des-Prés et les bistrots de Montmartre. Petits boulots et expédients, elle vend des fleurs dans les restaurants. Fréquente les artistes et les étudiants. Charme les uns, séduit les autres ; les croit, sûrement ; leur ment, parfois ; se laisse embarquer par ses enthousiasmes ; aime

passionnément dès qu'elle imagine qu'on l'aime un peu ; se fait éconduire et retombe sur ses pattes. Évite avec grâce les écueils qui la guettent en ne buvant jamais, jamais d'alcool, et en évitant soigneusement les vieux messieurs trop riches et trop pressants. Ces années-là, Jeanne oscille entre légèreté et gravité et s'efforce que ce soit plutôt la joie qui l'emporte.
Le plus souvent, elle y parvient, je crois.

JE NE SAIS PAS EXACTEMENT quand Jeanne rencontre Jacques. Ça pourrait être au printemps 1968, ce qui expliquerait pourquoi elle ne parle jamais de la révolution : la révolution, pour elle, c'est lui. Beau, beau, beau comme un dieu ou comme un diable, on ne sait pas. Un grand étudiant métis merveilleux tout droit réfugié d'Haïti, où sévissent l'abominable Papa Doc et ses tontons macoutes. De lui, pendant longtemps, je ne sais que ce qu'elle dit. Dès qu'elle l'a vu, elle a compris qu'il était celui qu'elle cherchait et qu'elle attendait. Elle l'a aimé éperdument, immédiatement, absolument. Lui aussi, un peu au moins. J'espère. Dernier membre de sa famille à avoir échappé au régime Duvalier, *in extremis*, il était en transit à Paris, le temps de reprendre le fil de sa vie et de retrouver ses parents et ses amis éparpillés dans le monde entier. Son père était médecin, blanc sans doute, directeur d'un service ou d'un hôpital, et opposant au régime.

Ils se sont aimés, donc, comme quand on a vingt ans et qu'on est rescapés de l'enfer. Leur vie n'était certainement pas le paradis que décrit Jeanne, qui d'ailleurs n'en dit pas grand-chose, à part que c'était souvent rude de vivre d'amour et d'eau fraîche. Mais merveilleux, aussi : Paris était la capitale du monde et des libertés à peine écloses et l'avenir leur ouvrait grands les bras.

Je ne suis pas sûre que, quand Jeanne a compris qu'elle attendait un bébé, elle l'ait dit à Jacques. Elle est bien capable d'avoir disparu sans un mot en imaginant que c'était mieux de lui faire la surprise, ou de le mettre devant le fait accompli pour que l'idée ne l'effleure même pas de lui demander de ne pas garder cet enfant qu'elle désire avec tant de force et qu'elle aime déjà plus que tout au monde. Elle l'aimerait même presque plus que lui, si c'était possible. Bizarrement, c'est en Normandie qu'elle va se réfugier pour faire son petit ; une sorte de retour à l'enfance, pour mettre de la douceur là où il y en eut si peu. Mais dans quel nid familial pourrait-elle se lover ? Mystère. Elle ne dit pas où elle a passé sa grossesse. Sans doute dans un foyer pour « filles-mères » sans famille, qu'on héberge jusqu'à l'accouchement.

C'est comme ça que je suis née, au printemps 1971, dans la banlieue de Rouen. Pour le plus grand émerveillement de ma mère.

Mon existence commence dans ce grand flou dont je ne connais presque aucun détail. Pendant des années, j'ai cru à la version affreuse que ma Maman Jeanne racontait en se débrouillant pour y mettre tant d'amour que je n'en voyais pas l'horreur. Comme beaucoup de métis, j'étais un nouveau-né blond aux yeux bleus. Jacques, prévenu par Jeanne de mon arrivée, se serait précipité à la maternité pour me connaître, et me reconnaître. Et serait reparti plus vite qu'il n'était venu en constatant avec dépit que cette petite fille si blonde et si blanche ne pouvait pas être la sienne. Et en brisant, au passage, le cœur de Jeanne.

Quand j'ai été en âge de comprendre cette histoire, ma peau s'était cuivrée depuis belle lurette et nul ne peut douter, en voyant mes cheveux, que certains de mes gènes viennent d'Afrique, ou d'Haïti. C'est bien plus tard, bien, bien plus tard même, que j'ai détecté dans le récit de ma mère quelques incohérences qui m'ont fait douter de sa véracité. Un jour, elle dit «ton père voulait te prendre et t'emmener aux États-Unis». Une autre fois, au détour d'une phrase, je réalise que, peut-être, elle ne l'a même jamais

prévenu de sa grossesse et de ma naissance et, si ça se trouve, il ne sait pas que j'existe...
Je sais que ça peut paraître bizarre, mais je n'ai jamais vraiment souffert de l'absence de Jacques. Sans doute parce que j'ai toujours eu l'impression que lui – ou quelqu'un comme lui, une sorte de père céleste – était là, pour veiller sur moi.

Des années plus tard, je suis partie à sa recherche, plus pour savoir que pour combler un vide qui, finalement, n'a jamais existé. J'ai trouvé, en Suisse, un médecin de l'OMS qui a connu sa famille en Haïti et qui a accueilli Jacques à Paris quand il s'est enfui de Port-au-Prince. Quand il m'a ouvert sa porte, j'ai vu la stupéfaction dans ses yeux avant qu'il murmure : «C'est incroyable comme vous lui ressemblez.» Je le savais déjà, ma mère n'a jamais cessé de me le répéter. J'ai appris de cet homme que mon père était brillant et cultivé, étudiant en chimie, polyglotte, généreux et engagé ; il lui semblait invraisemblable qu'il ait pu abandonner une jeune maman et son bébé. J'ai tenté, un temps, de retrouver sa trace parmi la diaspora haïtienne. À plusieurs reprises, j'ai eu l'impression d'y être presque et puis tout devenait flou et je perdais la piste. Jacques n'est sûrement pas mort, mais il est protégé par des secrets communautaires, politiques, historiques, qui me dépassent. Très vite, je me suis heurtée à un mur. J'ai fini par abandonner.

De ma rencontre avec ce médecin suisse, j'ai rapporté un trésor : deux photos de mon père, dont je découvrais l'image pour la première fois. Sur ce point au moins, Jeanne ne m'a pas menti. C'est un super beau mec. Et il serait impossible à quiconque le connaît, en me voyant aujourd'hui, de mettre en doute notre filiation.

Je n'avais peut-être pas de père, mais j'avais une sacrée maman. J'ai été bercée par la manière dont elle me racontait, à l'infini, à quel point ma naissance avait été le plus beau jour de sa vie. À quel point j'étais un bébé éblouissant, belle à gagner des concours, paraît-il. Comment elle a passé des heures et des jours à compter et recompter mes doigts et mes orteils. À me regarder dormir. À s'émerveiller de la douceur de ma peau, de la clarté de mes yeux, de l'éclat de mes sourires. Elle avait à peine vingt ans et, pour la première fois de son existence, elle pouvait enfin donner et recevoir cet amour absolu dont elle était si assoiffée.

Elle est rentrée à Paris avec son trésor, et notre drôle de vie a commencé. De nos premières années, je n'ai que sa version, et quelques souvenirs à peine perceptibles. Pas de photos, pas d'objets, pas de traces : Jeanne, Maman, a repris sa vie de bohème, totalement démunie, indifférente aux choses matérielles, mais un bébé sous le bras. Nous faisions sans doute un tandem à la fois étonnant et attendrissant. Elle a dû savoir, très bien, jouer des émotions que provoquait notre duo pour trouver le gîte et le couvert chez l'un ou chez l'autre, pour convaincre un bon samaritain de lui donner un coup de main, pour vendre des fleurs par brassées à des clients touchés. Elle pouvait être joyeuse et drôle, charmante et charmeuse.

Comment s'y est-elle prise pour que j'aie toujours le nécessaire ? Mystère. Jeanne, c'est la reine de la débrouillardise. Elle a sans doute eu, plus d'une fois, du mal à trouver des couches, du lait, du talc ou des grenouillères. Mais, dans le fond, je n'ai jamais manqué de rien d'essentiel, puisque je suis là aujourd'hui, vivante, heureuse et en bonne santé.

Mes premiers souvenirs, ce sont des rires. Moi debout sur une table dans un restaurant et elle qui vend des roses dont elle a patiemment enlevé les épines. Moi collée contre ma Maman qui oublie parfois de me donner à manger mais qui m'apprend à lire et à écrire à un âge où les autres enfants savent à peine parler. Moi dans ses bras et elle qui me raconte des histoires sans queue ni tête, qui invente pour moi des jolis mots bizarres, qui fredonne des chansons qu'elle imagine au fur et à mesure, qui m'embarque dans des danses effrénées en chantant à tue-tête. Mes premiers souvenirs, c'est la joie.

Ça ne devait pas être tout le temps la joie, pourtant. Ni pour Jeanne, ni pour moi. Comment une si jeune maman et sa si petite enfant peuvent-elles vivre ou même survivre dans une grande ville sans avoir ni logement ni revenus fixes ? Comment ne pas avoir besoin de se poser, parfois, dans un peu de confort ? Savoir où on habite et ce qu'on va manger aux prochains repas ? Être sûres d'avoir chaud quand il fait froid, de pouvoir se laver, dormir, s'habiller ? Toutes ces considérations que Jeanne affrontait avec un mélange de courage et de désinvolture, mais qui devaient rendre sa vie, notre vie, parfois très hasardeuse, fatigante, inquiétante.

Je ne sais pas, elle ne m'a jamais raconté cette partie de l'histoire. Je sais seulement qu'un jour, pendant que nous lui vendions des fleurs, un homme – un prêtre, nommé Joseph – a pensé que nous avions besoin d'aide. Il a proposé à Jeanne de prendre le train jusqu'à Lille, et d'aller frapper à la porte d'une maison dont il lui a donné l'adresse et où elle pourrait se reposer. Elle l'a écouté, elle qui n'écoutait jamais personne ; elle devait sentir qu'il était plus que temps d'avoir un peu de répit.

Joseph a sans doute payé nos billets. Et nous avons quitté Paris.

C'ÉTAIT UNE JOLIE PETITE MAISON de ville, posée au milieu d'un jardin pourvu – merveille ! – d'un portique avec des balançoires, et rempli de jouets d'enfant. J'avais à peine trois ans, je ne me souviens pas du tout du départ de Paris ni du voyage en train, mais cette image-là ne m'a jamais quittée. Devant le portillon où un panneau disait « Ici, chien gentil », j'ai tout de suite eu envie d'entrer. Un peu comme on a le réflexe de s'approcher de la cheminée pour se réchauffer quand il fait froid dehors. C'est elle qui nous a accueillies, une grande dame souriante aux longs cheveux dénoués, dans une robe à fleurs que j'ai trouvée très belle. Elle semblait nous attendre et être extrêmement heureuse de nous voir. Je crois que je l'ai aimée tout de suite.

La maison était chaleureuse, et complètement envahie d'enfants. Je ne sais pas comment la dame, qui s'appelait Marie-Thérèse mais qui m'avait dit de l'appeler Marité, et son mari Michel, arrivé un peu plus tard après sa journée de travail, ont réussi à trouver une pièce pour nous, mais c'est exactement ce qui s'est passé : dans la petite maison très pleine, où chaque chambre était déjà remplie de lits superposés, nous avons eu la nôtre, Maman et moi. Une chambre propre, accueillante et confortable. Le luxe !

Les semaines qui ont suivi, j'ai découvert avec étonnement et émerveillement ce qu'est une vie de famille. La cuisine qui dégage des odeurs prometteuses. Les repas tous ensemble autour de la table. Les jeux dans le jardin avec les autres enfants. La salle de bain où l'on fait sa toilette à tour de rôle, deux par deux ou trois par trois. L'heure de se lever, l'heure de s'habiller, l'heure de se laver, l'heure de se coucher.

J'ai découvert, aussi, ce que sont des parents. Marité et Michel, un papa et une maman, grands, beaux, impressionnants ; amoureux, aimants, tendres, fermes, incroyablement bienveillants. Quand ils disaient quelque chose, ça sonnait juste et je sentais que je pouvais les croire. Il y avait dans cette maison de la douceur et de la joie, une sorte de tranquillité malgré le grand bazar bruyant de tous les enfants. Une chaleur qui enveloppait sans étouffer, qui berçait sans secouer, qui accompagnait sans envahir. Le contraire de l'amour passionné, désordonné, absolu, dont ma Maman Jeanne m'abreuvait depuis toujours.

J'ai immédiatement aimé les deux. L'adoration sans mesure de Jeanne, et l'amour tranquille de Marité. Les fantaisies drôlissimes de Jeanne et les histoires douces de Marité. Les bonbons à n'importe quelle heure et la blanquette du déjeuner. Les chahuts et les siestes. Le tête-à-tête exclusif et le partage avec la smala... J'étais si petite, je ne me souviens pas précisément des événements ; je me souviens seulement de ces premiers moments de balancement entre l'une et l'autre, entre l'agitation et le soulagement, l'inquiétude et l'apaisement, le désordre et le calme ; et je n'avais pas besoin de choisir, puisque Jeanne était là, avec moi, dans la maison de Marité.

Je ne m'y suis pas trompée : du haut de mes trois ans, j'avais bien compris à quel point cette femme était une maman, pas seulement pour tous ces enfants, mais aussi pour moi, qui en avais pourtant déjà une. Jeanne l'a compris aussi : elle avait enfin trouvé celle qu'elle cherchait depuis toutes ces années, dont elle pourrait éprouver l'amour sans qu'il ne se casse jamais. Il me semble que dès les premiers jours, et malgré leur toute petite différence d'âge – Marité avait un peu plus de trente ans, et Jeanne à peine vingt-quatre –, ma Maman Jeanne a appelé Marité « Maman ». Moi, j'ai mis à peine plus longtemps.

En plus d'un papa et d'une maman qui m'intriguaient et me plaisaient beaucoup, la petite maison de Croix abritait un fabuleux trésor pour la fille unique que j'étais : une ribambelle d'enfants, tous plus passionnants les uns que les autres. C'était la première fois de ma vie que je me retrouvais en société avec des individus de mon âge, et c'était une découverte extraordinaire.

Il y avait «un grand» très impressionnant, Ricardo. Presque un adulte, à mes yeux de trois ans. Il avait déjà une grosse voix d'homme, mais je savais que c'était quand même un enfant. J'ai passé des heures à le regarder jouer au ping-pong. Je n'avais jamais vu personne jouer au ping-pong, et je trouvais ça formidable.

Il y avait aussi Marie-Laurence, une grande sœur, mais encore petite, qui ressemblait beaucoup à Marité, et qui était douce et câline comme elle, avec moi, avec les autres enfants, et même avec les poupées.

Il y avait Helen, qui ne lâchait pas sa maman d'une semelle et me fusillait d'un regard très très noir chaque fois que je tentais de m'en approcher aussi.

Il y avait Virginie, joyeuse et joueuse, que j'étais si contente de retrouver quand elle rentrait de l'école.

Il y avait d'autres enfants, qui passaient quelques jours ou quelques heures. Et des grandes personnes un peu perdues qui ressemblaient beaucoup à celles que nous croisions quand nous vivions à Paris et qui venaient juste manger avant de repartir. Et puis il y avait Tatie Josette, la sœur de Marité, une très belle dame très bien habillée qui sentait bon et qui venait déjeuner le dimanche parfois accompagnée d'Omer, leur frère, et toujours avec Mémé, leur maman, une grand-mère très gentille, très douce, qui jouait du piano et aimait beaucoup les enfants qu'elle surnommait « ma crotte ». Ça nous faisait hurler de rire, évidemment.

Je ne comprenais pas grand-chose à cette famille, mais ça ne me dérangeait pas puisqu'une famille, je ne savais pas très bien ce que c'était. Si on m'avait demandé à l'époque, j'aurais répondu que ce sont des gens qui s'aiment et qui vivent dans la même maison. Et si l'on avait insisté un peu en m'interrogeant sur les particularités de cette famille-là, je n'aurais pas du tout su quoi répondre. C'est bien plus tard que j'ai réalisé qu'aucun des enfants de Marité et Michel n'avait la même couleur de peau que celui d'à côté. Que les seize ans et les yeux bridés de Ricardo rendaient impossible le fait qu'il soit le fils naturel d'un couple si jeune et si européen. Que Virginie avait le type asiatique, et Helen tout d'une Indienne. Que Marie-Laurence était la seule à ressembler à ses parents. Et qu'ils avaient, chacun, une histoire singulière et lointaine dont nous parlions parfois entre deux rigolades, mais pas trop quand même parce que ça ne sert à rien de penser aux choses tristes.

Quand ils se sont rencontrés à un bal paroissial du dimanche après-midi, comme cela se faisait alors encore beaucoup dans le Nord, Marité et Michel sont tout de suite tombés amoureux. Elle de sa force douce et tranquille, lui de son énergie puissante et lumineuse. Ils n'ont pas attendu très longtemps avant de décider de se marier et d'avoir beaucoup d'enfants. Mais comme la vie n'est pas toujours un conte de fées, ils ont quand même dû attendre que Michel rentre de la guerre d'Algérie pour pouvoir se marier. Marie-Laurence est née, et puis Pierre, mort juste après sa naissance, et puis plus rien. Une fausse couche après l'autre, ils perdaient leurs petits. Ils se sont demandé à quoi ça rimait, à chaque fois tant de chagrin alors que le monde débordait d'enfants qui ne demandaient qu'à être aimés. Ils ont décidé d'adopter. Oui mais voilà : depuis Napoléon, en France, des parents qui avaient déjà eu un enfant n'avaient plus le droit d'adopter. Ils pouvaient seulement envisager « l'accueil à vie », sans transmettre ni leur nom ni leur patrimoine.

Marité et Michel se sont d'abord tournés vers la Fédération des œuvres de l'enfance française d'Indochine, pour « accueillir à vie ». On leur a répondu que des petits, ils n'en avaient pas. Mais qu'il y avait un grand, Ricardo, fils d'un légionnaire italien et d'une Vietnamienne, un de ces « enfants de la guerre » d'Indochine, issus de nulle part. Un « dossier noir » dont ils ne savaient plus quoi faire. Ricardo n'avait rien demandé. C'était un préadolescent écorché vif, trop difficile, trop malheureux, trop âgé pour être adopté. Michel a découvert avec horreur que la seule solution envisagée était de le coller aux « enfants de troupe » dès qu'il aurait atteint l'âge fatidique de quatorze ans. Soldat, comme son père... Marité et Michel sont tombés d'accord sur un point : ils voulaient un petit, mais laisser Ricardo partir aux enfants de troupe, c'est insupportable. Ils ont pris Ricardo, qui est devenu le frère aîné de leur petite.

Et puis un jour, Michel entend un homme à la radio, qui raconte comment des enfants souffrent partout dans le monde. L'homme dit : « Dans la maison en face de la vôtre, il y a un enfant qui meurt.

Vous ne le saviez pas, maintenant, vous le savez. » Il s'appelle Edmond Kaiser. Ancien résistant, compagnon d'Emmaüs, c'est le fondateur de l'association Terre des Hommes, en Suisse. Michel et Marité partent le rencontrer. Et comme ils ne font pas les choses à moitié, ils participent à la création de la branche française de l'association, dans laquelle Michel se retrouve vite très engagé. C'est comme ça qu'ils « accueillent à vie », avant de l'adopter dès que la loi a changé, Virginie, rescapée de l'enfer de Corée, extraite d'un orphelinat militaire qui l'avait déjà dressée à la discipline. À deux ans et demi, elle se comportait comme un vrai petit soldat ! Puis Helen, débarquée de Bangalore, en Inde du Sud, dont la fiche stipulait que sa peau était « très foncée », et même un peu trop pour qu'on la choisisse pour être adoptée... Ils l'ont choisie, eux, immédiatement. Et ils l'ont attendue avec impatience, pendant des mois. Après de multiples péripéties, et même un moment de grand désespoir quand on leur a annoncé que, finalement, Helen n'arriverait jamais, ils ont fini par la récupérer, couverte de poux, dans un aéroport. Comme tombée du ciel. Jusqu'à aujourd'hui, Helen ne les a plus jamais quittés.

Voilà comment Marité et Michel ont commencé à avoir « beaucoup d'enfants » : juste en ouvrant leur porte, et en oubliant de la refermer. En recueillant et en adoptant les « inadoptables ». Et en considérant que chacun d'eux est un cadeau céleste. C'est aussi comme ça qu'ils nous ont accueillies, ma mère et moi. Comme des cadeaux précieux dont il faut prendre soin. Moi, en tant qu'unique trésor de Jeanne, j'avais déjà une certaine expérience. Mais pour ma Maman, je crois que c'était vraiment une première…

Un jour, nous sommes parties. Je ne me souviens pas de ce jour-là, ni de ceux qui ont précédé notre départ. Je n'avais aucune idée de ce qui s'était passé mais, tout d'un coup, nous nous sommes retrouvées, ma Maman Jeanne et moi, seules dans un appartement minable et à peine meublé, dans une grande cité très sale pleine de gens et de bruits. Et j'avais l'impression qu'il faisait très froid. Le contraire absolu de la petite maison de Croix.

Nous nous sommes adaptées. Je suis allée à l'école. Une très bonne école, pleine d'enfants très gentils et très bien élevés. Quand je rentrais à la maison, c'était la fête. Ma mère me nourrissait presque exclusivement de bonbons ! Nous avons repris notre vie d'avant, comme à Paris : les fleurs dans les restaurants, couchées tard, levées tard, et les câlins-collés serrés serrés pour se tenir bien chaud et sentir comme on s'aime, les histoires abracadabrantes qui nous font rire aux larmes. De temps en temps, le mercredi ou le dimanche, on allait rendre visite à la grande famille de la petite maison. Je retrouvais Ricardo et Marie-Laurence, Virginie, Helen qui me tombait dans les bras avant de m'entraîner illico presto vers les balançoires, et d'autres enfants que je ne connaissais pas mais qui avaient l'air aussi heureux que nous d'être là. Je retrouvais Michel et Marité.

Marité. Ses bras et son sourire… Et puis la visite était terminée et on rentrait chez nous.

Je ne me souviens pas non plus de la première fois que je suis revenue à Croix. Pas pour une visite, pour habiter. Sans Maman Jeanne. Je ne sais pas très bien ce que je comprenais de tout ça, à l'époque. J'étais tellement petite, mais déjà tellement grande. C'est difficile de trouver les mots justes pour expliquer cette partie de notre vie. Difficile de parler sans violence de choses si violentes, de chagrins si profonds. Difficile de raconter notre histoire, mon histoire, sans rien abîmer de ce qui est beau, en trouvant les mots qui n'accusent pas, ne violentent pas, ne donnent pas à juger. Il n'y a rien à juger. Il y a juste à comprendre, avec bienveillance et humanité. Exactement comme l'ont fait Michel et Marité.

Au fil du temps, la dureté de la vie aidant, la fantaisie de Jeanne a glissé lentement vers une grande angoisse, et une manière de plus en plus étrange et singulière – folle, il faut bien dire ce mot-là – d'appréhender la réalité. Parfois, elle arrivait à naviguer dans la vie, et, parfois, elle perdait pied. Au point d'inquiéter les voisins, qui finissaient par appeler les secours.

Voilà comment, une fois, puis deux, puis trois, après j'ai arrêté de compter, j'ai vu partir ma Maman Jeanne dans une ambulance ou dans un fourgon de police. Mon bonheur et ma chance, c'était la petite maison de Croix : en ce temps-là, les règles de protection de l'enfance étaient plus souples. Au lieu de m'envoyer dans un foyer, on me déposait dans le foyer si réconfortant de Michel et Marité. Jusqu'à la prochaine fois.

Je crois que c'est à ce moment-là que j'ai commencé à devenir la maman de ma Maman. Ma vie s'est organisée comme ça. Quand Jeanne sortait de l'hôpital psychiatrique, elle venait me chercher chez Michel et Marité, et nous rentrions chez nous. C'était rarement le même « chez nous » que la fois d'avant. Je ne sais pas à combien de reprises nous avons déménagé. Enfin, déménagé, c'est un bien grand mot : nous avions si peu de choses à transporter d'un endroit à l'autre ! Je me souviens d'appartements décatis, dans des HLM misérables. Nos matelas posés par terre, à peine une table et deux chaises, deux bols, trois assiettes, une vieille casserole, mais toujours la télé. Les wc sur le palier ou le balcon qui gèlent quand l'hiver est trop rude, et, pour se laver, une bassine au milieu de la cuisine où Maman Jeanne m'aspergeait d'eau chauffée sur la gazinière. Je me souviens aussi d'une caravane glaciale et moisie, dans laquelle nous avons logé pendant plusieurs semaines. De fenêtres sans rideaux, de cuisine sans frigo, d'ampoules sans abat-jour, et parfois même de douilles sans ampoule. Et du fer à repasser que ma petite Maman utilisait, luxe suprême, pour réchauffer les draps avant que je m'y glisse... Très vite, j'ai appris à lire les factures de gaz, d'eau et d'électricité, et je me suis inquiétée qu'elle n'oublie pas de les payer pour que nous n'ayons pas trop froid et que nous puissions manger chaud.

Le jour où l'argent des allocations arrivait, on allait chez Auchan, et on remplissait le caddie de gâteaux et de bonbons. Et même de grosses boîtes de glaces, que nous devions manger en une seule fois, en rentrant à la maison, parce que le freezer ne marchait pas et qu'une fois fondu, c'était beaucoup moins bon. Pendant trois jours, on festoyait avec gourmandise, et tant pis si les placards restaient vides tout le reste du mois. Elle se débrouillait toujours, ou moi. On maraudait, on chapardait, on glanait à droite à gauche de quoi ne pas avoir trop faim ; je me souviens d'un cabas à double fond, assez grand

pour contenir un beau rôti ou quelques saucissons...
Il y avait toujours les fleurs qu'elle vendait dans les restaurants. La générosité des clients, et l'ingéniosité un peu filoute de Jeanne. Nous étions, elle et moi, les reines du système D !

Je n'étais pas très heureuse, et parfois même assez malheureuse, mais j'étais avec ma Maman, que j'aimais, et qui m'aimait plus que tout. Je voyais bien que j'avais une drôle de vie. La même que beaucoup des enfants des appartements voisins, mais une vie très très différente de celle des élèves de ma classe et de mon école.

Je devrais dire de mes écoles : je ne sais pas non plus combien de fois j'en ai changé. Mais, bizarrement, elles n'avaient jamais rien à voir avec les quartiers où nous habitions. Je ne sais pas par quel miracle, et, je suppose, sans que ça coûte un sou à mes parents, j'ai écumé tous les établissements catholiques de l'agglomération lilloise. L'école, c'était ma joie. Mon plaisir. Mon repos. J'adorais apprendre, lire, comprendre. J'adorais avoir l'air d'être normale, comme les autres enfants, même si, dès que j'ai réalisé à quel point, pour de vrai, j'étais différente d'eux, ça m'a demandé une énergie démesurée de faire en sorte qu'ils ne s'en rendent pas compte. Peu importait, à ce moment-là : ma vie était étrange, mais bien plus fantaisiste que misérable !

Quand je rentrais à la maison, l'appartement se transformait en un théâtre extravagant. Maman Jeanne et moi nous costumions avec ce qui nous tombait sous la main pour jouer des histoires invraisemblables qui finissaient toujours par nous faire rire aux larmes. Quand elle y pensait, ma mère se mettait en cuisine pour moi. Sa spécialité, c'était le riz au chocolat. Un délice de riz, cuit dans du lait, et assaisonné d'une bonne dose de sucre et de cacao en poudre. J'adorais ça et, encore aujourd'hui, me revient cette délicieuse odeur de caramel brûlé – évidemment, Maman oubliait la casserole sur le feu – des jours de joie où tout allait bien pour elle et moi.

Et puis, un autre jour, je rentrais et la police était là. Il fallait ne pas avoir peur, parce qu'elle avait l'air d'avoir si peur, déjà. La serrer très fort dans mes bras sans pleurer pour qu'elle ne soit pas triste. L'embrasser, l'embrasser sans penser que je ne savais pas quand je la reverrais. Je ne comprenais pas pourquoi on l'emmenait là-bas, chez les fous qui hurlent et qui bavent, qui se promènent tout nus et ne savent pas parler, seulement râler, alors qu'elle avait juste du chagrin. Je ne comprenais pas pourquoi on enfermait ma mère comme dans une prison. Elle n'avait rien fait d'autre que ne plus supporter d'être très malheureuse. Et j'étais sûre qu'au bout d'un moment ça la rendrait folle, comme les autres, d'être enfermée avec eux...

Mais je n'avais aucun pouvoir là-dessus. Je pouvais seulement ravaler ma peine et mes questions, et retrouver très vite le sourire de Marité en faisant semblant que tout va bien pour qu'elle non plus ne soit pas triste. Et puis retrouver le bonheur de me balancer jusqu'au ciel avec Helen, récupérer mon lit superposé dans la chambre des filles qui m'accueillaient à bras ouverts, me gaver de bonbons en cachette et reprendre le fil de mon autre vie. Jusqu'à la fois suivante.

LE PREMIER SOUVENIR qui me vient toujours, quand je pense à la petite maison, c'est une grande sensation de soulagement. Là-bas, je pouvais enfin souffler. Me reposer. Cesser d'être sur mes gardes à longueur de journée et de devoir penser à tout. Redevenir une enfant. Il m'a fallu un peu de temps pour comprendre que je n'avais plus à me préoccuper de toutes ces choses auxquelles je devais penser quand j'étais avec Maman Jeanne. Pas besoin de vérifier que le feu était éteint sous la casserole, que l'électricité n'était pas coupée, que les gens qui entraient dans la maison ne nous voulaient aucun mal. Pas besoin d'avoir peur d'oublier de me réveiller et d'être en retard à l'école, ou de n'avoir aucun vêtement propre à me mettre le lendemain matin, d'être sale ou de sentir mauvais. Quand j'étais chez Michel et Marité, je n'avais plus besoin de m'inquiéter. C'était un peu comme des vacances.

Pourtant, la vie dans la petite maison était loin d'être de tout repos ! Au fil des mois et des années, le nombre des enfants qui y vivaient à demeure augmentait, augmentait… Il y a d'abord eu l'arrivée de Younouse, yeux noirs, cheveux noirs, humeur noire, qui lui aussi avait une autre maman, qu'on voyait apparaître parfois, et tout devenait compliqué. Elle avait beaucoup d'enfants, mais visiblement elle ne s'en sortait pas du tout avec eux. Son papa, un Mauritanien aussi noir que sa mère ch'ti était blonde et blanche, avait disparu un jour sans jamais revenir. Quand Younouse est arrivé à la maison, il devait avoir six ou sept ans et c'était déjà Monsieur Catastrophe. Agité, maladroit, cascadeur, une vraie petite tornade qui « déconstruisait », comme disait Marité, tout ce qu'il touchait, et dont l'agitation décuplait à chaque fois que sa mère devait venir le voir et finalement ne venait pas ; devait venir le reprendre et finalement disparaissait, au dernier moment, sans donner signe de vie… En plus de ses dents, qui n'ont pas résisté à une chute mémorable dans l'escalier, je ne sais pas combien de verres et d'assiettes Younouse a « déconstruits » ; il y allait par piles entières ! Peu importait : pour nous, Younouse, c'était Younouse, adorable et pénible, tendre et casse-pieds, un vrai démon rattrapé par ses propres démons, dont nous n'avions même pas idée. Il était insupportable, mais à aucun d'entre nous, et surtout pas à Michel et à

Marité, il ne serait venu l'idée de ne pas le supporter. C'était comme ça dans cette maison : chacun avait sa place, quel qu'il soit.

Presque en même temps que Younouse est arrivé Quentin, trois ans et demi, une sorte d'ange blond aux yeux bleus, une vraie petite gueule d'amour dont toutes les filles, petites et grandes, s'entichaient immédiatement. Quentin a toujours été tellement gentil, doux, incapable de dire non, qu'on pouvait lui faire croire et lui faire faire n'importe quoi. Ce dont Younouse ne s'est jamais privé, le plus souvent pour notre plus grande joie à tous. Ces deux-là sont très vite devenus inséparables. Quentin était de tous les coups pendables, sans même s'en rendre compte parfois. Sa candeur désarmante nous laissait tous bouche bée, à l'exception de Papa Michel, dont la grosse voix tonnait quelquefois pour rétablir un semblant d'ordre quand la pagaille ou la bêtise dépassait les limites de l'acceptable.

Moi aussi, j'avais mon « double ». Helen est devenue ma sœur inséparable. Notre complicité est née autour du portique installé dans le jardin : nous passions des heures sur les balançoires, à essayer de monter de plus en plus haut, jusqu'à décrocher le ciel. J'adorais son regard noir, terrible et impressionnant, qui pouvait d'une seconde à l'autre passer de l'adoration à la détestation. Son rire et sa gourmandise.

Nos jeux de petites filles... Elle ne comprenait pas comment je pouvais tant aimer l'école, elle qui la détestait absolument ; je ne comprenais pas comment elle pouvait tellement aimer manger, car il fallait négocier avec moi interminablement pour que j'accepte de goûter tout ce qu'on me mettait dans mon assiette, à part les bonbons et les pizzas. Et elle a eu la délicatesse de ne jamais, jamais me faire remarquer à quel point mon allure était bizarre et incongrue. Je ne réalisais pas que les ravissantes mules à talons que Maman Jeanne m'avait laissée choisir, ou la longue jupe noire à pois multicolores que j'aimais au point de la porter pendant des années, jusqu'à ce qu'elle devienne quasiment une minijupe, me donnaient une dégaine étrange d'adulte miniature. Personne ne m'a rien dit à ce propos, et surtout pas ma chère Helen. Mais il faut bien admettre que, dans cette famille, on n'était pas à une bizarrerie près.

Un jour, quand je suis arrivée, j'ai découvert Cathy. Elle aussi, c'était une vraie petite furie ; elle aussi avait de bonnes raisons de se débattre comme un animal sauvage. Cathy n'entendait rien. Sourde profonde. Ses parents n'avaient sans doute pas compris, au début de sa vie, pourquoi ce bébé qui n'était pas leur premier réagissait et grandissait si différemment des autres. Et puis, ils n'ont pas su quoi faire de cette petite fille sourde, alors ils n'en ont rien fait, à part l'abandonner purement et simplement : la nourrir à peine, la maltraiter et la cantonner dans un coin, en la violentant comme un chien perdu. Cathy avait quatre ans, quatre ans et demi, quand elle est arrivée à Croix. De la vie, elle n'avait jamais rien reçu d'autre que des coups. Elle passait des heures terrée dans l'ombre, loin du moindre regard, à se balancer d'avant en arrière, enfermée dans son monde. Personne ne pouvait l'approcher, personne ne pouvait la toucher, et, comme elle n'entendait rien et qu'elle n'avait jamais appris à communiquer avec qui que ce soit, personne ne pouvait non plus lui expliquer qu'ici elle ne craignait plus rien et qu'elle pouvait, enfin, se laisser faire. Pendant des mois, Cathy s'est défendue comme une sauvageonne de tout cet amour qui lui tombait dessus et dont elle ignorait jusqu'à l'existence. Elle crachait, elle griffait, elle frappait, elle tirait les cheveux par poignées. J'ai même cru pendant longtemps que c'était elle qui pissait dans le lit du dessus pour inonder l'enfant qui dormait en dessous. Mais en fait non, c'était une autre qui, aujourd'hui encore, ne l'avouera jamais.

Pendant des mois, Maman Marité a répondu à chaque coup de Cathy par une caresse ; à chaque hurlement par un sourire ; à chaque agression par la douceur et la tendresse. Inlassablement. Obstinément. Implacablement. À ses « heures perdues »

– comme si la mère d'une telle famille pouvait disposer d'une seule seconde à elle – elle a trouvé le temps d'apprendre les rudiments de la langue des signes pour pouvoir, enfin, peut-être commencer à échanger avec sa nouvelle petite fille grâce au langage humain.

Un jour, après une crise, Cathy, qui avait déjà quatre ou cinq ans, a réussi à montrer ce qu'elle voulait à Marité : un landeau, un biberon et des couches. Comme pour redevenir un bébé, et tout reprendre depuis le début. Marité l'a langée, nourrie, bercée. Et Cathy s'est calmée. Pour un temps ! Et puis de plus en plus souvent. Elle a commencé à sourire, et même à jouer avec nous. Elle est devenue, petit à petit, ce qu'elle est réellement encore aujourd'hui : une personne incroyablement douce, tendre et tranquille. Mais capable d'entrer, parfois, dans des colères terribles. Comme si elle redevenait tout d'un coup cette enfant terrifiée que nous avons connue à son arrivée.

Apprivoiser Cathy a pris des mois et des mois à Marité. Mais cette Maman-là n'a jamais compté ni ses heures ni ses jours. Elle ne comptait même pas ses enfants, c'est vous dire ! Quand quelqu'un demande à Marité combien elle en a accueilli, elle le regarde avec étonnement. Elle a la politesse de ne pas lui faire remarquer que sa question est stupide, mais il ne faudra pas bien longtemps à son interlocuteur pour réaliser qu'effectivement, dans cette histoire, les chiffres ne comptent pas beaucoup. S'il insiste vraiment, elle répond : «Les premiers, on les a demandés, et après, ils sont tombés du ciel.» Généralement, ça clôt le débat.

Moi-même je suis incapable de dire combien nous étions autour de la table, à l'heure des repas. Ni qui était là, à quelle date, et pour combien de temps. Je ne sais même pas très précisément qui des enfants de Michel et de Marité ont été adoptés ou seulement placés là, comme moi. Ça n'a aucune importance, dans le fond. Il y a un papa, une maman, et autour d'eux, grâce à eux, une famille dans laquelle chacun a une place, sa place, et est aimé envers et contre tout ce qui a pu le mener jusqu'ici. Et pour beaucoup d'entre nous, même si nous n'en avons pas tous conscience, c'est complètement inespéré. Un vrai miracle, même.

Internement après internement, l'état de Maman Jeanne s'est dégradé. La camisole chimique étouffait lentement la jeune femme vive et joyeuse qu'elle était pour la transformer de plus en plus souvent en une créature bouffie et absente, bizarre, voire un peu inquiétante, même pour moi qui la connaissais bien. Qui peut savoir le chagrin d'une petite fille qui n'a même pas atteint «l'âge de raison» et qui commence à avoir honte de sa maman? Bien plus que les difficultés domestiques, les mensonges et les péripéties parfois malheureuses de nos tête-à-tête compliqués, c'est de cette honte et de mon inquiétude de plus en plus constante qu'il m'est douloureux de parler.

Je rentrais de l'école en me demandant ce que j'allais trouver à la maison : qu'avait-elle fait de sa journée? Quel type patibulaire avait-elle dégoté? De quoi les voisins s'étaient-ils plaints ou allaient-ils se plaindre ? Symptôme implacable de la maladie qui gagnait du terrain, l'humeur de ma mère était de plus en plus changeante. Elle m'accueillait parfois heureuse de me revoir et prête à une soirée pleine de gourmandise et de fantaisie, théâtre et riz au chocolat, comme elle savait encore les improviser de temps en temps. Ou alors engloutie sous les roses qu'elle était en train de préparer pour les vendre dans la soirée : elle enlevait les épines, avant de les emballer, agrémentées d'un joli ruban coloré. Mais d'autres fois, je la trouvais éteinte, amorphe, déprimée d'avoir traversé une mauvaise journée enfermée dans l'odeur âcre des cigarettes qu'elle fumait l'une après l'autre. Ou pire, agressive, hargneuse vis-à-vis de Michel et Marité qu'elle aimait et détestait à la fois, et dont elle pouvait dire autant de bien que de mal. Ces jours-là, ma mère était prompte à passer sa méchante humeur sur sa petite fille néanmoins adorée.

Elle souffrait, et je souffrais avec elle. Peu à peu, tout est devenu plus difficile, plus sombre, plus tragique. Sa vie lui échappait, et m'échappait aussi.

Un jour, je suis rentrée et j'ai trouvé les murs de l'appartement couverts de sang. J'étais terrorisée à l'idée de ce que j'allais découvrir dans sa chambre. Il m'a fallu beaucoup de courage pour ouvrir sa porte. Derrière, il n'y avait rien ni personne. Elle n'était pas là. Je ne savais pas où elle était. J'ai nettoyé et j'ai guetté son retour. Des heures effroyables, interminables, à l'attendre sans bouger en imaginant toutes les choses épouvantables qui avaient pu lui arriver. Elle a fini par revenir, sans rien dire. Je n'ai rien demandé. Je n'ai jamais su ce qui s'était passé ce jour-là, à la maison, pendant que j'étais à l'école.

L'école ! Heureusement que j'avais l'école ! Bien sûr, il fallait d'abord passer l'angoisse de ne pas arriver à l'heure – pas question de compter sur Maman Jeanne pour me réveiller. Et puis l'épreuve du trajet, parfois long et toujours parcouru seule et à pied, même l'hiver quand il faisait très froid et surtout très très nuit. Enfin, je devais faire extrêmement attention d'avoir l'air d'être une fille absolument normale : ne pas sentir mauvais, ne pas avoir de poux, de puces, la gale, ou alors faire en sorte que personne ne s'en rende compte, ne pas être habillée trop différemment des autres, même si les vêtements dénichés au Secours Catholique étaient affreux, ne pas avoir l'air sale même quand il n'y avait pas d'eau chaude pour se laver. J'avais peur, tout le temps, parfois un peu, parfois beaucoup, qu'on se rende compte que c'était n'importe quoi, ma vraie vie, et que je n'avais rien à faire dans une bonne école, avec des élèves bien plus normaux que moi.

J'avais peur, aussi, qu'on me coupe les cheveux très court à cause des poux. Ou même qu'on me les rase, comme dans les histoires horribles que j'avais lues dans certains livres. C'était devenu une obsession. Autour de moi, personne ne savait comment entretenir des cheveux crépus. À part Marité, qui avait acheté un peigne spécial et adorait transformer mon crâne en un petit nuage mousseux dans lequel elle plongeait ses doigts. J'aimais bien, moi, les caresses de Marité. Mais pas le petit nuage mousseux. Je voulais que mes cheveux ressemblent à ceux des autres. Alors je tirais dessus, et je les emmaillotais dans des pulls bien serrés autour de ma tête dès que je rentrais à la maison en rêvant que ça les rende lisses et brillants comme ceux de ma chère Helen, ou longs et légèrement ondulés comme ceux de Marité. Je ne savais ni les coiffer, ni les tresser, ni les soigner. Et je n'osais parler à personne de cet énorme souci, qui prenait dans mon esprit de petite fille une place démesurée.

Et puis j'avais peur que Maman Jeanne vienne me chercher à la sortie de l'école et que tout le monde découvre qui nous étions vraiment. Je dépensais tellement d'énergie pour que personne ne sache la vie de dingo que j'avais ! Je passais mon temps à faire semblant. J'étais devenue la reine du bobard.

Ma classe, c'était mon royaume à moi. Mon refuge, mon paradis. J'étais une bonne élève, et pour cause ! Une fois en sécurité dans une salle de cours propre et confortable, mon esprit pouvait enfin s'envoler, libéré de tous ces soucis assommants. Et explorer des sujets passionnants : l'histoire, la géographie, les aventures des hommes et des choses, la littérature, la poésie, l'explication du monde ! Je ne réalisais même pas que j'étais très en avance sur les enfants de mon âge, et que tous mes copains de classe étaient plus vieux que moi. Je me souviens juste de l'année de mes sept ans, à l'école Sainte-Anne, dans une classe où la rangée de droite était pour les CE2, et celle de gauche pour les CM1. Au bout de quelques semaines, la maîtresse m'a gentiment invitée à passer de la rangée de droite à celle de gauche. Voilà comment on « saute une classe » sans même s'en rendre compte !

Je savais, intuitivement, que c'était une chance pour moi d'apprendre tout ce que Maman Jeanne n'avait pas appris. Et que c'était le seul moyen dont je disposais pour m'évader tout de suite de cette vie si inquiétante, et pour m'évader plus tard de ces cités hideuses et misérables où nous atterrissions un déménagement après l'autre. Coup de chance : je n'avais aucune difficulté à apprendre, bien au contraire. L'école était pour moi une sorte de monde idéal, où une autre vie était possible. J'étais la bonne copine qui va toujours bien ; l'assistante sociale qui écoute et qui console les malheurs des uns et des autres ; le joyeux luron qui trouve le bon mot qui fait marrer tout le monde, et qui fait le guignol juste assez pour être populaire sans agacer – même si les professeurs avaient parfois du mal à me discipliner. Jamais, au grand jamais, aucune de mes camarades de classe ne s'est doutée de ce qui m'attendait quand je rentrais à la maison. Et jamais non plus je n'ai perçu, dans l'attitude des enseignants, un quelconque soupçon. Pouvaient-ils imaginer que j'avais besoin d'aide ?

Et d'ailleurs, avais-je vraiment besoin d'aide ? Je n'en avais pas l'impression. Mon boulot à moi, c'était de me débrouiller toute seule avec cette mère-là, dans cette vie-là. C'était comme ça. Et je me trouvais plutôt mieux lotie que les enfants de la famille de l'appartement d'en dessous, que leur mère nourrissait en posant un seau de riz cuit à l'eau au milieu de la cuisine, dans lequel ils venaient piocher à la main comme une portée d'animaux. Ou que ce bébé, confié à ses sœurs à peine plus âgées que lui, qu'elles ont fait tomber dans l'escalier en essayant de le monter dans la poussette marche après marche.

Moi, au moins, ma mère m'aimait. Et quand elle allait trop mal, et qu'elle devait partir, je retrouvais Helen pour me balancer avec elle loin dans les nuages, et puis Michel, Marité et toute la smala. Mon Papa, ma Maman, et ma famille à moi.

LA PETITE MAISON a continué à se remplir, se remplir, à n'en plus finir. Il y a eu Claire, indienne comme Helen, adoptée par des parents qui finalement n'en voulaient plus. Du coup, elle avait cessé de se nourrir : elle ne mangeait plus que ce qui était blanc. Blanc comme le lait qu'on donne aux tout petits bébés... Maman l'a accueillie, évidemment. Et l'a réhabituée, cuillerée après cuillerée, à être nourrie et aimée. Je crois qu'elle aurait voulu la garder, mais que ça n'a pas été possible. Les services sociaux ont pensé qu'elle serait mieux placée ailleurs plutôt qu'adoptée ici. Les services sociaux ont parfois de drôles d'idées. Quand Claire est repartie de la maison, elle était remplumée et raffolait des carottes râpées, orange vif. J'espère qu'elle est heureuse, aujourd'hui.

Il y a eu ces deux petites filles déposées là par leur maman le temps qu'elle aille accoucher du troisième.

Sales, hirsutes, couvertes de poux. La plus grande disait en montrant ses dents cassées : « C'est mon papa qui m'a tapée. » En leur donnant leur premier bain, Maman a découvert tout le long de leurs cuisses d'affreuses traces de brûlures. Leur père se servait d'elles comme de cendriers. Elles sont restées avec nous le temps que leur mère rentre de la maternité, et que Maman signale sans succès au procureur que ces enfants, les trois, étaient en danger. Elle a appris plus tard qu'il avait fallu un mégot écrasé sur le menton du nouveau-né pour que la garde des petits soit retirée aux parents...

Il y a eu, aussi, les enfants de passage, venus de pays lointains juste le temps de se faire soigner en France avant de repartir. Un jour, Papa a eu un gros problème cardiaque, pour lequel il a subi une opération chirurgicale très délicate. Quand il est sorti de l'hôpital, il avait mis toute l'équipe soignante dans sa poche. Et il a fondé l'association Enfance et Vie, qui récupère des « enfants bleus », souffrant de malformations cardiaques, pour les opérer avant de les renvoyer chez eux. Pendant quelques semaines, le moins longtemps possible, les petits sont accueillis dans une famille amie. Ou dans la nôtre.

C'est comme ça que nous avons vu un jour notre Papa, d'habitude si calme et si posé, entrer dans une colère puissante qui l'a immédiatement transformé à nos yeux en Superman. Un petit était arrivé de je ne sais où, confié à un médecin et à sa femme, volontaires pour l'accueillir. Malheureusement, les examens préparatoires ont révélé que l'enfant souffrait d'une maladie contagieuse qui rendait l'opération impossible : il était condamné à rentrer chez lui pour y mourir. En ultime recours, un médecin ami de l'association a proposé d'essayer un traitement homéopathique, compatible avec le projet chirurgical, qui avait déjà donné de bons résultats dans d'autres cas. Mais le médecin de la famille d'accueil, farouchement anti-homéopathie, a absolument refusé d'administrer le traitement. Les négociations en étaient là quand Papa a appris que l'homme avait tout simplement décidé de mettre le petit dans l'avion pour qu'il rentre chez lui. Il a remué ciel et terre pour retrouver le vol, filé ventre à terre à Orly, où l'avion était en phase d'embarquement, obtenu de la police qu'il soit retardé pour essayer d'en extraire l'enfant. Sans résultat. Le petit est parti mourir dans son pays, sauvé de l'homéopathie. Et mon père, mon héros qui arrête les avions, a immédiatement changé les règles de fonctionnement de l'association : plus aucune famille d'accueil ne se voyait confier le passeport de l'enfant hébergé…

Et puis un jour est arrivé Gaston, d'un village du Cameroun. Il avait huit ans, et le cœur en pleine santé. Mais, quelques années plus tôt, il était tombé dans un feu la tête la première. Il avait perdu un œil, l'autre ne voyait presque plus. Gaston était défiguré, le visage et la moitié du cuir chevelu comme un steak haché. C'est un coopérant, bouleversé par sa rencontre avec Gaston, qui avait adressé des photos à Jacqueline Bonheur, une amie de la première heure de Terre des Hommes, qui l'avait aussitôt envoyé à Papa et Maman en demandant si les équipes médicales d'Enfance et Vie pouvaient faire quelque chose pour lui. En trois coups de fil, Papa avait trouvé un chirurgien réparateur. Les parents ont dit «on le prend», et il est arrivé à la maison.

Nous, les petits, nous avions l'habitude de voir défiler des gens aux drôles d'allure à la maison. Des clochards qui venaient prendre une douche ou un bol de soupe. Des égarés un peu hagards aux propos pas toujours très clairs qui restaient le temps d'un café ou d'un goûter. Des femmes plus ou moins amochées, qui savaient qu'elles pouvaient se réfugier avec leur nichée dans le giron de Maman le temps que leur bonhomme se calme. Des enfants en placement très provisoire, en escale au milieu d'une histoire déchirée...

Mais des comme Gaston, on n'en avait encore jamais vu. Il ressemblait à ces nounours en lambeaux qu'on aime comme s'ils étaient les plus beaux. On l'a bien regardé, le temps de s'habituer, et puis on l'a trouvé extraordinaire et magnifique, et on l'a aimé.

Adoré, même. Il était tellement drôle et élégant, gracieux, brave, hors du commun ; africain ! En plus du courage incroyable dont il a fait preuve pour affronter les multiples opérations de reconstruction de son visage, longues, douloureuses, et pas toujours réussies, Gaston était doté d'un sens de l'humour irrésistible. Pince-sans-rire et subtil, nous lui devons quelques-uns de nos plus beaux fous rires !

Quand elle a vu cette étrange créature entrer dans la maison, Cathy a été terrorisée. Elle a même refusé de s'en approcher, en grimaçant de dégoût. Elle l'a observé de loin, pendant plusieurs jours, jusqu'à ce qu'elle se rende compte qu'il était presque aussi aveugle qu'elle-même était sourde. Le quatrième ou le cinquième jour, elle s'est enfin approchée de lui, et elle l'a pris par la main pour lui faire visiter la maison. C'était un moment magique, extraordinaire ; le début d'un amour absolu et mystérieux entre ces deux enfants dévastés. Il comprenait ses borborygmes et ses gestes qu'il distinguait à peine ; elle le guidait avec attention et ne perdait pas une occasion de l'embrasser sur le crâne, juste à l'endroit où ses cheveux ne repoussaient plus. Ces deux-là formaient un duo étrange, que les passants dévisageaient dans la rue avec un mélange d'embarras et de fascination, d'effroi et d'admiration. Un peu plus tard, Helen, elle aussi, s'entichera de notre Gaston. Au point d'en tomber folle amoureuse, même...

Il faut dire qu'il était irrésistible. Quand nous jouions à «yeux marrons, yeux de cochons, yeux verts, yeux de vipères», il disait : «J'aimerais bien avoir les yeux bleus. Des yeux d'amoureux. J'aime tellement les femmes!» Et puis il allait voir Maman pour lui avouer : «Marité, Marité, je suis amoureux. De toi...»

Nous riions tant avec lui, je ne suis pas sûre que nous mesurions à quel point son combat pour retrouver un visage humain, son désespoir de ne pas y parvenir, et la répulsion qu'il suscitait chez les gens qui posaient un regard horrifié sur ses mutilations étaient violents et douloureux. Il n'en parlait jamais. Pas à nous, en tout cas.

Avec nous, il jouait. Il faut dire qu'entre deux envolées de balançoire, Helen, Virginie, Cathy et moi passions des heures dans le jardin à mener des enquêtes policières compliquées et pleines de rebondissements. Entre filles, nous étions ces *Drôles de dames* que nous suivions à la télé. Mais notre activité favorite, c'était quand même de réunir tous les enfants présents et volontaires pour bombarder les passants, de l'autre côté du mur, avec les fruits pourris du vieux poirier du jardin. Une joyeuse bande de sales gamins tout ce qu'il y a de plus... normale! Pour mon plus grand bonheur.

Q UAND ON DEMANDE À PAPA et Maman comment ils s'y prenaient pour remplir toutes ces assiettes, payer de si grosses factures d'eau et d'électricité, habiller tous ces petits, ils ont l'air surpris. Ça n'a jamais été un problème, paraît-il. Il y avait le salaire de Papa, qui partageait avec deux de ses cousins les bénéfices de la quincaillerie reçue en héritage. Il y avait les aides et allocations familiales, du moins pour les enfants officiellement adoptés ou placés. Et puis il y avait la «grâce du ciel», comme disait Maman. Notre famille ne passait pas inaperçue : un couple si beau et si amoureux, entouré d'une nuée d'enfants de toutes les couleurs ! Les gens savaient qu'ils pouvaient venir se réfugier s'ils avaient besoin d'aide. Mais ils savaient aussi qu'ils pouvaient aider, s'ils en avaient les moyens et l'envie. Un panier de légumes déposé sur le pas de la porte ; deux ou trois poulets, plumés et vidés. Un sac de vêtements, ou de cinquante kilos de pommes de terre... Mes parents croient, dur comme fer, que plus on donne et plus on reçoit. Il faut bien l'admettre, la vie – leur vie, en tout cas – leur a souvent donné raison.

Je ne sais pas comment Maman se débrouillait pour ne jamais avoir l'air d'être submergée par tout ce travail, et avoir quand même toujours le temps pour un câlin. Elle repassait pendant des heures, des caisses et des caisses de vêtements... Elle le faisait toujours en chantant, avec cette tendresse qu'elle mettait en toutes choses, même les plus pénibles. Je me cachais dans un coin, et je la regardais. Je la trouvais merveilleusement belle. Tout ce qu'elle faisait, elle le faisait avec amour, et ça rejaillissait sur nous. C'est sans doute en l'entendant chantonner à longueur de journée ces airs où il était question de confiance et de joie que j'ai osé lui parler de ce père céleste que je sentais toujours à mes côtés. Ça ne l'a pas surprise. À la maison, on ne parlait presque jamais de Dieu, sauf à Noël et pour les grandes fêtes, où ceux qui voulaient pouvaient aller à la messe. Mais j'ai découvert que Maman, elle, lui parlait très souvent et qu'il l'accompagnait aussi, comme moi. Je l'écoutais avec avidité. Nous aimions partager ça ensemble, tranquillement, hors du vacarme de la tribu. Ce sont pour elle et moi des souvenirs profonds, intimes, dont la trace continue d'être vivante, et active. Des années plus tard, elle m'a raconté que, quelques mois à peine après mon arrivée, je lui ai avoué un jour, comme un secret : « Moi, tu sais, ça parle tout le temps dans ma tête.» Ça l'a bouleversée. De ce secret partagé est né entre elle et moi ce lien si particulier et si précieux qui nous unit encore aujourd'hui, et de plus en plus...

Un jour, la meilleure amie de Maman a décrété : «Vous ne partez jamais en amoureux, tous les deux. Je vous offre des vacances!» En plus de prendre en charge la logistique de la famille pendant leur absence, elle leur a fait cadeau d'un beau séjour dans un hôtel en Tunisie. C'est là qu'ils ont rencontré un couple de Savoyards, avec lequel ils ont lié amitié. Avant de rentrer en France, leurs nouveaux amis, loueurs de chalets à la montagne, leur ont fait à leur tour un cadeau qui n'a pas de prix : ils ont mis à notre disposition leur plus grand chalet pour quinze jours de vacances à la neige! Évidemment, les parents ont dit oui : qu'est-ce qui aurait pu les empêcher d'emmener une quinzaine d'enfants, dont une sourde et un aveugle, découvrir les joies des sports d'hiver? Nous en avons parlé pendant des mois, en comptant les jours qui nous rapprochaient du grand départ. Ils avaient tout prévu : les plus âgés voyageraient en train, et les plus petits dans le minibus familial, rempli ras la gueule de l'équipement que requiert une expédition de cette envergure. Dans la petite maison régnait l'effervescence des grands jours. À cette période, j'habitais avec Maman Jeanne mais, naturellement, j'avais été conviée à participer au voyage : elle avait tout de suite dit oui, bien sûr ma chérie, et s'était mise d'accord avec Marité pour que j'arrive à temps le soir du départ. Nous étions tous fous de joie, et affreusement excités.

Une fois déjà, l'année de ma sixième, j'étais partie en voyage de classe, une journée à Canterbury. Je m'étais levée avant l'aube, en faisant bien attention à ne pas réveiller ma mère, et j'avais pris une grande inspiration avant de me mettre en route. J'étais contente de partir, bien sûr, mais un peu inquiète à l'idée de traverser la moitié de la ville en pleine nuit pour arriver à l'heure au rendez-vous très matinal fixé sur le parking de l'école. Surtout qu'il fallait passer par un quartier que je n'aimais pas beaucoup, parce qu'un homme qui traînait dans le coin me regardait toujours avec un drôle d'air. Je me demandais s'il serait là, si tôt le matin, et ce qui se passerait s'il m'embêtait à cette heure où il n'y aurait sûrement personne d'autre que lui et moi dans la rue. Je me suis mise en route en marchant d'un bon pas et en parlant dans ma tête à mon père. Pas Jacques, ni Papa, l'autre. Celui que j'appelais toujours dans les cas difficiles, parce que je savais, je sentais, qu'il ne me quittait pas d'une semelle et qu'il veillait sur moi. Mon père céleste, idéal, sur lequel je pouvais compter à tous les coups. Et la preuve que jusqu'ici ça avait marché, c'est qu'il ne m'était encore rien arrivé de catastrophique. Pendant tout le trajet, je lui ai demandé, s'il te plaît, s'il te plaît, fais qu'il ne soit pas là. Et s'il est là, s'il te plaît, s'il te plaît, fais qu'il ne me parle pas. Et s'il me parle, s'il te plaît, s'il te plaît, fais qu'il ne me fasse aucun mal. Par pitié, je veux partir en voyage, avec les autres. S'il te plaît, s'il te plaît, laisse-moi être une fille normale. Pour une fois.

J'ai traversé le mauvais quartier sans encombre. Tout le monde dormait encore, et le sale type sûrement aussi. Je suis arrivée à l'école à l'heure. Quand j'ai atteint la rue au bout de laquelle le bus était garé et nous attendait, j'ai vu les voitures des parents des autres enfants qui venaient les déposer. Alors, j'ai fait de grands gestes vers une voiture imaginaire, qui m'aurait déposée moi aussi, mais un peu plus loin, pour qu'on ne croie pas que j'arrivais toute seule, à pied, en pleine nuit. Ce n'était qu'un demi-mensonge, d'ailleurs : je n'étais pas toute seule, j'étais avec mon père céleste. J'ai passé une journée formidable ; j'ai adoré l'Angleterre et décidé de parler anglais couramment le plus vite possible.

Mais cette fois-ci, au moment de quitter Maman Jeanne pour rejoindre la famille et partir faire du ski, elle était réveillée et la porte de l'appartement était fermée à clé. J'ai demandé qu'elle ouvre, elle a dit non. «Tu ne pars plus. Ta mère, c'est moi, tu ne peux pas me laisser toute seule.» J'ai insisté mais elle avait sa tête des mauvais jours. J'ai tout de suite vu que je n'arriverais jamais à la faire changer d'avis. Et j'ai compris, tout d'un coup, qu'elle avait pris sa décision. Elle ne supportait pas que je parte sans elle, et encore moins avec eux.

C'est comme si le sol s'ouvrait sous mes pieds et que toute ma vie se mettait à chanceler. De peur, de colère, de douleur. Elle avait promis. Elle avait dit oui, depuis des mois, et j'attendais, toute la famille attendait ce moment avec impatience. Comment ma Maman Jeanne, que j'aimais et qui m'aimait plus que tout, pouvait-elle me punir, me retenir, me priver d'un bonheur pareil? Et m'infliger un tel supplice?

D'un coup sec, comme un coup de cutter qui tranche en profondeur, je découvrais un élément nouveau qui allait bouleverser ma vie : je savais depuis longtemps que Maman Jeanne mentait. Mais là, je découvrais qu'elle me mentait, à moi aussi...

Elle avait caché la clé; j'ai trouvé la clé. J'ai ouvert la porte et, pour la première fois de ma vie, je me suis enfuie. J'ai traversé la ville en courant pour arriver jusqu'à la maison. Ils étaient tous devant le portail, en train de finir de remplir le minibus. J'ai tout de suite vu dans les yeux de Maman qu'elle voyait dans les miens que quelque chose n'allait pas. Les flics sont arrivés, Jeanne les avait prévenus. Papa s'est interposé, a essayé d'expliquer. J'ai entendu sa grosse voix gronder; ils parlaient d'«enlèvement d'enfant»; il était en colère. Je sanglotais dans les bras de Maman, sous les yeux désolés de mes frères et sœurs. Ils ont dit que non, il n'y avait rien à faire : Jeanne était ma mère, c'était elle qui décidait. Papa et Maman n'avaient aucun droit sur moi. À part celui de respecter la loi. Ils m'ont serrée très fort dans leurs bras, chacun leur tour, et puis j'ai été embarquée par les flics dans le panier à salade, celui avec lequel, d'habitude, ils me déposaient dans la petite maison quand ils ne savaient plus quoi faire de moi et qu'ils avaient besoin de me laisser quelque part. J'avais le cœur qui tremblait.

Je suis rentrée chez Jeanne, et ils sont tous partis à la montagne. Sans moi.

Heureusement, j'avais les livres. En bas de notre appartement pourri, dans notre quartier pourri, tous les samedis, un marché s'installait le long du trottoir. Et là, à deux pas de chez moi, un homme providentiel vendait pour quelques centimes à peine des bouquins écornés, fatigués, déclassés : une mine d'or ! Un trésor ! Je n'ai pas attendu d'arriver au collège pour délaisser *Pif Gadget* et *Picsou* pour des nourritures plus consistantes. Agatha Christie, Zola, et toutes sortes de choses pas du tout de mon âge, mais parfaitement à mon goût. J'ai dévoré *Mort sur le Nil* en commençant à rêver d'une carrière d'égyptologue. Et j'ai pleuré toutes les larmes de mon corps en lisant *Au bonheur des dames*, un livre si gros et si lourd que j'ai eu du mal à trouver une position ergonomique qui me permette d'en venir à bout. Dans la foulée, j'ai découvert Balzac, Maupassant, Hugo, à l'âge où mes copines se régalaient de *Fantômette* !

Et puis il y avait Gaston Lagaffe, sa mouette rieuse, son chat complètement halluciné, et surtout, surtout, sa chère et drôle Mademoiselle Jeanne. Ma mère, telle que je m'en souvenais, et telle que je la rêvais. J'ai passé des heures dans mon lit à rigoler avec Gaston, comme on ouvre une fenêtre pour ne pas étouffer. Plus ma Jeanne à moi déjantait, plus sa Jeanne à lui me touchait.

Et Dieu sait que ma Jeanne à moi déjantait... Il y avait ces hommes, de plus en plus glauques, de plus en plus laids, qui débarquaient chez nous et qu'elle traitait comme des seigneurs, des princes charmants, des chevaliers venus pour transformer notre vie en conte de fées. Conte de fées, tu parles ! Je me suis toujours efforcée de m'approcher le moins possible de ces types patibulaires. Et j'y suis toujours bien arrivée, à une ou deux baffes près. Plus elle était douce avec eux, moins elle l'était avec moi. Je crois qu'elle n'a jamais, jamais, abandonné l'idée de trouver quelqu'un qui l'aimerait enfin comme elle rêvait d'être aimée... Moi je ne voulais pas savoir, pas voir, pas entendre ce qui se passait entre elle et eux. Je partais tôt et je rentrais tard. Je me plongeais dans mes livres, je m'enfermais dans ma chambre, où je me pelotonnais en suçant mon pouce, même si j'avais depuis longtemps passé l'âge. Je fermais les écoutilles et je muselais ma peur. Je les tenais à distance, elle et eux, et toute la misère qui nous entourait. Je n'avais pas d'amis dans ces cités, et le moins de relations possible avec les hommes de ma mère. Je sentais que c'était une question de survie, pour moi.

La maladie gagnait du terrain, et ma Maman Jeanne changeait. Elle savait de mieux en mieux être méchante et manipulatrice. Depuis que j'avais compris qu'elle me mentait, surtout lorsqu'il était question de Papa et Maman – qu'elle appelait elle aussi Maman, et à qui elle téléphonait au moins une fois par jour –, je me protégeais d'elle comme je pouvais, sans m'épargner cette douleur d'avoir l'impression de la trahir un peu et de l'abandonner.

Quand c'était trop dur, j'attendais qu'elle sorte de l'appartement et je me mettais à hurler, pour me soulager. Et quand ça ne suffisait pas, je frappais aussi. Je me tapais dessus, pour que ça me fasse plus mal que la peur et que toutes ces questions auxquelles je n'avais pas de réponse. Et j'essayais, j'essayais de toutes mes forces de ne pas penser que si ça se trouve, j'étais en train de devenir folle. Comme elle.

Je pense que c'est à cette époque qu'elle a commencé à vouloir arrêter de vivre, quand tout était trop difficile, et souvent quand le chevalier blanc disparaissait sans explication, mais rarement sans oublier de vider notre porte-monnaie.

Elle prenait des médicaments. Ou bien elle ouvrait le gaz, quand on n'avait pas oublié de le payer. La première fois, j'ai vraiment cru qu'elle voulait mourir. Mais quand j'ai vu, à l'hôpital, comme elle était heureuse d'être vivante, j'ai compris que c'était un peu plus compliqué que ça n'en avait l'air. Ce qu'elle voulait, c'était qu'on la sauve. Et le plus souvent, c'était à moi de le faire.

J'ai commencé à avoir tout le temps peur, de plus en plus. Peur de rentrer trop tard de l'école, et de ne pas arriver à temps. Peur de dire ou de faire quelque chose qui la ferait basculer dans le désespoir. Peur de ne pas courir assez vite pour trouver une cabine téléphonique qui marche et pouvoir appeler les pompiers. Peur de mal évaluer son état, de ne pas chercher de secours alors qu'elle en aurait besoin ; ou alors de faire venir de l'aide pour rien, et que nous ayons honte, elle et moi. Peur de ne pas arriver à la sauver. C'était une responsabilité écrasante, pour une petite fille. Épuisante. Affolante. Terrifiante...

Ça se finissait toujours de la même manière : pompiers, ambulance, et pour moi, panier à salade. Et les hurlements de ma mère qui venait d'essayer de mourir et qui refusait qu'on lui porte secours en sanglotant pourtant : « Laissez-moi vivre. Laissez-moi vivre... »

Je voyais avec inquiétude l'écart entre les autres et moi se creuser, peu à peu. Mes copines et mes sœurs commençaient à se demander comment être jolie, quelle princesse devenir, et à qui ressembler. Moi, j'avais l'impression d'être une personne sérieuse et grave, qui avait juste une tête dans laquelle ça n'arrêtait jamais de parler. Une tête, pas de corps, ou rien de comparable à elles, en tout cas. De toute façon, j'étais myope, et je trouvais mes lunettes si moches que je ne les mettais qu'une fois arrivée à l'école, assise à ma table, pour pouvoir quand même apercevoir le tableau. Le reste du temps, je naviguais à vue dans un flou qui me convenait parfaitement bien, puisqu'il avait la bienséance de tamiser avec douceur le monde hostile et vraiment pas très beau dans lequel j'évoluais.

Je n'avais pas de corps, mais j'avais quand même deux bras et deux jambes de gringalette, rattachés à un bidon, tout rond à force de ne manger que des bonbons, que je trouvais énorme. Je n'avais pas de corps, mais il se rappelait à moi, pourtant, avec insistance : j'avais mal tout le temps. Souvent au ventre, sans doute pour moitié à cause de notre alimentation totalement déséquilibrée, et pour l'autre moitié à cause du stress perpétuel dans lequel je vivais. Mais j'avais aussi mal au cœur. Comme si, pour lui, battre était un trop gros effort. Une fois, Maman Jeanne, inquiète, m'a emmenée chez le médecin – quand ses médicaments et son moral lui permettaient d'être vraiment avec moi, elle redevenait la bonne mère qu'elle s'est toujours efforcée d'être. Le docteur m'a examinée, et lui a expliqué que j'avais des carences, et que je donnais des signes de rhumatisme articulaire. C'est ce qui expliquait ces douleurs dans mon cœur, comme des coups de poignard. En plus de me prescrire un gros paquet de médicaments, le docteur a dit qu'il fallait que je mange des laitages. Un changement radical, eu égard aux tonnes de friandises et de pizzas surgelées auxquelles nous étions abonnées !

En sortant du cabinet médical, Maman Jeanne est entrée dans une crémerie, vraisemblablement pour la seule et unique fois de son existence. Et elle a acheté des monceaux de fromages et de yaourts pour soigner le cœur de sa petite fille adorée... Du fromage ruineux, à ne plus savoir qu'en faire. Elle était comme ça. Elle passait du rien au tout en un quart de seconde. Et du tout au rien avec la même rapidité.

Un jour, elle est « passée » à un certain Patrick. Au début, j'ai cru qu'il était un peu moins pire que les autres. Il avait l'air plus calme, et assez gentil. Elle, elle était aux anges. Ça m'a fait plaisir, et ça m'a fait du bien de la voir à nouveau joyeuse, enthousiaste. Vivante ! Patrick est venu vivre avec nous. Je m'en serais bien dispensée, mais Maman Jeanne était tellement heureuse que je me suis adaptée à sa présence constante. Parfois, il était très énervé, il se mettait à hurler et à menacer ma mère. Je me suis interposée, plusieurs fois. On a partagé les baffes, elle et moi. Parfois, il était très déprimé, il ne faisait rien de ses journées, à part fumer. Alors ils fumaient, tous les deux. Ils fumaient, ils fumaient, ils fumaient. Ils m'enfumaient. Moi, je m'enfermais dans ma chambre, pouce dans la bouche, et je dévorais livre après livre, carambars et fraises Tagada, pour y trouver un peu de réconfort et d'air frais.

Quelques mois après l'arrivée de Patrick, Maman Jeanne m'a annoncé qu'ils allaient se marier. Je m'en fichais un peu, pour tout dire. Depuis le temps que je pratiquais ma drôle de mère, je savais bien que la seule chose définitive et irrémédiable dans sa vie, c'était l'amour qu'elle me portait, à moi, y compris lorsqu'il prenait, de plus en plus souvent, une forme assez bizarre. Même quand elle me malmenait, elle m'aimait. À la vie à la mort. Pour le reste... C'est la seconde nouvelle qui m'a fait l'effet d'une bombe. Elle a ajouté, presque l'air de rien, comme si c'était un détail insignifiant : « Et en plus, on va avoir un bébé. »

Un bébé. Maman Jeanne allait avoir un bébé. Mais qui allait s'en occuper ?

À LA PETITE MAISON AUSSI, la famille s'agrandissait. Un jour où j'étais chez Papa et Maman, ils nous ont tous réunis solennellement dans le salon. On s'est dit qu'il devait se passer quelque chose de drôlement important, parce qu'ils ne faisaient jamais ça. Je ne me souviens plus lequel des deux a parlé, mais je me souviens qu'on a tous écouté avec beaucoup d'attention. Ils ont dit qu'ils avaient fait la connaissance d'un petit garçon très spécial qu'ils aimaient déjà beaucoup, et qu'ils voudraient bien l'adopter pour qu'il vienne vivre avec nous. Je me souviens que Virginie n'a pas pu s'empêcher de dire «encore?» et ça nous a tous fait rigoler. On riait, mais ce qui était bizarre, c'est que les autres fois, ils ne nous avaient jamais demandé notre avis. Alors, ils nous ont expliqué que l'arrivée de ce garçon allait vraiment changer un peu la vie dans la maison, parce qu'il avait spécialement besoin qu'on s'occupe de lui, tous, sans exception : « Il s'appelle Pierre-Vincent, il a bientôt trois ans, et s'il vient vivre avec nous, ça serait vraiment indispensable que tout le monde fasse particulièrement attention à lui, parce qu'il est né sans bras et sans jambes. »

Alors là, on n'en revenait pas.

Les parents nous ont demandé de bien réfléchir, parce qu'ils avaient besoin que toute la famille soit d'accord pour accueillir Pierre-Vincent et pour vraiment prendre soin de lui. Avec les filles, on s'est retrouvées dans notre chambre. On ne savait pas trop quoi dire. Cathy pouvait vivre sans entendre, et Gaston presque sans voir et sans ressembler à un enfant normal, mais comment c'était possible de vivre sans bras et sans jambes ? Comment on peut manger, bouger, jouer ? S'habiller, se gratter, chasser une mouche qui vous embête ? Je ne me souviens plus laquelle d'entre nous a trouvé la réponse : nous avons choisi une des poupées de notre coffre à jouets, et nous lui avons arraché les bras et les jambes, en faisant très attention de ne pas lui faire trop mal. Pour voir. Et puis nous sommes allées trouver les parents pour leur dire que, pour nous, ça ne posait aucun problème : même sans bras et sans jambes, un bébé est un bébé. On était d'accord pour avoir ce nouveau petit frère.

Quand nous nous sommes retrouvés autour de la table pour le dîner, l'affaire était réglée. Tous les enfants étaient du même avis : Pierre-Vincent devait absolument faire partie de la famille. Je me souviens très bien de la tête de Papa et Maman, ce soir-là. Ils pleuraient de joie.

Je me souviens aussi du jour où Pierre-Vincent nous a rejoints. On se serait cru la veille de Noël, quand tout le monde attend l'arrivée du petit Jésus ! Les parents étaient partis tôt le matin pour aller le chercher dans sa pouponnière, à plusieurs centaines de kilomètres de là. C'était un long voyage, ils ne sont rentrés qu'en début de soirée. On était tous entassés dans le petit salon, on a entendu la porte d'entrée s'ouvrir. Et ils sont arrivés, nos parents, beaux et grands, et Maman tenait dans ses bras un tout petit enfant adorable, à moitié souriant, à moitié effrayé. Beaucoup de mes souvenirs sont effacés, ou emmêlés, mais pas celui-là. Je n'oublierai jamais l'incroyable douceur qui émanait de cet enfant minuscule, et le bonheur, la joie, d'être là tous ensemble autour de lui, impatients de le prendre avec nous.

Nous l'avons tous aimé, immédiatement. Notre tribu n'a eu aucun mal à intégrer ce nouveau membre, absolument craquant, choisi à l'unanimité. Nous avons été ses bras et ses jambes. Pierre-Vincent, qui venait de passer ses trois premières années prisonnier de son lit, entouré de blouses blanches et d'enfants aussi peu mobiles que lui, a rapidement oublié sa timidité et trouvé comment prendre entièrement part à nos activités agitées. Papa lui a bricolé une planche à roulement à billes, recouverte de molleton, que notre petit frère a très vite appris à manœuvrer couché sur le ventre, à l'aide de ses moignons, pour en faire un vrai bolide. Le duo infernal Younouse-Quentin s'est transformé en un irrésistible trio, d'une créativité hors du commun pour inventer cascades et bêtises. Quand la planche ne passait pas, les grands frères l'empoignaient à bras-le-corps pour lui faire franchir les obstacles, et le mener là où il avait décidé d'aller. L'arrivée de Pierre-Vincent, pour nous, c'était comme une immense bouffée de joie qui nous poussait, chacun, à sortir de nous-mêmes pour laisser passer la vie, et surtout l'amour. La preuve concrète, quotidienne et tellement drôle, heureuse, tendre, que même l'impossible est possible. Évident. Facile.

C'est bien plus tard que Maman nous a raconté leur rencontre avec Pierre-Vincent. Jacqueline Bonheur, encore elle, avait entendu parler de lui. Il arrivait bientôt à l'âge limite pour rester à la pouponnière. Le seul projet, pour lui, était un transfert dans un hôpital psychiatrique, où il passerait le reste de sa vie. Maman était bouleversée. Le soir, quand Papa est rentré en demandant «quoi de neuf?» comme tous les soirs, elle lui a raconté l'histoire. Marie-Laurence, qui écoutait bouche bée, a demandé : « Pourquoi on le prend pas chez nous ? » Ils sont allés le chercher sans l'avoir vu, même en photo. Leur seule inquiétude était qu'il ne veuille pas d'eux. Eux, ils savaient déjà que nous le voulions, tous...

Quiconque rencontre Pierre-Vincent aujourd'hui peut constater immédiatement qu'il n'a aucune déficience mentale ou psychique, et qu'il n'avait rien à faire dans un asile ! C'est un jeune homme charmant et joyeux, optimiste, courageux, et un athlète hors pair : avec l'aide de Papa, qui l'a entraîné pendant des années, il est même devenu le seul sportif de haut niveau de la famille, champion de France handisport de foot et de tir à la carabine ! Un destin bien éloigné de celui qu'on réservait à ce tout petit enfant... Quand ils sont allés le chercher, ils ont dû enfiler une blouse blanche pour l'approcher sans l'effrayer : c'était la première fois qu'il voyait un homme et une femme ne faisant pas partie du personnel. Maman voulait l'emmener tout de suite, puisque tout était administrativement réglé – je pense que si elle s'était écoutée, elle aurait aussi voulu emmener les enfants de tous les autres lits : aujourd'hui, elle se souvient encore de leurs noms et de leurs regards... –, mais il a fallu trois jours pour convaincre l'équipe de la pouponnière, et surtout le médecin chargé de statuer sur le dossier d'adoption, qu'ils n'étaient pas d'affreux pervers fascinés par l'étrangeté de ce bébé.

Des années plus tard, Papa n'en revient toujours pas. Lui qui est encore étonné qu'on trouve leurs choix formidables alors qu'ils ont «juste suivi leurs envies, sans se poser de questions»; lui qui a accompagné Pierre-Vincent dans ses ambitions sportives, jusqu'à devenir son entraîneur, avec un enthousiasme sans faille et sans jamais dire «ce n'est pas possible»; lui qui s'est engagé, avec autant de force que de discrétion, dans toutes les causes qu'il trouvait juste, il ne peut pas comprendre qu'on ne comprenne pas. Qu'on trouve louche un homme et une femme qui ouvrent les bras. Qu'on préfère, parfois, laisser les enfants là où ils sont malheureux plutôt que de prendre le risque qu'ils soient heureux avec eux.

Ces grands professionnels de l'enfance, qui passaient leur vie à récupérer dans leur institution des enfants tellement abîmés que leurs parents n'en voulaient pas, n'étaient pas capables de prendre la mesure de l'amour absolu qui porte ces deux-là, et qui entraîne tout sur son passage. Et ils n'ont jamais eu l'occasion de venir constater, à la maison, quelles montagnes cet amour est capable de déplacer.

MA PETITE SŒUR EST NÉE, et toute ma vie en a été bouleversée. Emmanuelle. Blanche et rousse, douce, fragile. Irrésistible. J'étais la maman de ma Maman ; je suis devenue, aussi, la maman du bébé de ma Maman.

À toutes les peurs qui ne me quittaient pas est venue s'ajouter celle-là, en tête de liste : j'avais peur qu'ils lui fassent mal. Surtout Patrick, parce que quand il était énervé, il faisait n'importe quoi. J'avais encore en mémoire l'altercation effrayante qui l'avait opposé à ma mère, tellement enceinte qu'elle avait du mal à se déplacer dans l'appartement. Il a levé la main sur elle, je me suis précipitée devant lui pour qu'elle ne prenne pas le coup. Il était furieux, il m'a saisie par les épaules pour me jeter contre le mur.

Maman Jeanne, elle, ne ferait pas de mal à son bébé. Mais elle pourrait oublier de la changer, de la laver, d'acheter de quoi la nourrir. C'est moi qui m'en charge, le plus souvent, avant de partir ou en rentrant du collège, pendant qu'ils se disputent ou qu'ils se réconcilient.

Ce bébé n'est pas qu'un souci. C'est aussi une joie. Une très grande joie, puissante et douce, de sentir qu'enfin je ne suis plus seule avec Maman Jeanne. Je vais pouvoir partager cet amour géant si pesant, si débordant, si démesuré avec Emmanuelle, mon bébé, ma petite sœur adorée.
Elle grandit comme elle peut, au milieu de nous trois. Plus ils s'engueulent et plus je l'aime, pour compenser. Régulièrement, nous nous retrouvons, elle et moi, chez Papa et Maman. Jamais pour très longtemps. On finit toujours par devoir retourner en enfer, inéluctablement. La nuit, quand je n'arrive pas à dormir parce que je guette son réveil ou ses hoquets, je rêve de l'emporter dans la petite maison définitivement, pour être sûre enfin que tout ira bien.

Tout n'est pas allé bien. Patrick est devenu de plus en plus enragé, et ma mère aussi. Quand ça tanguait trop fort, j'emmenais Emmanuelle chez Maman, quelques heures, le temps que ça se calme. Ça ne s'est pas calmé. Ils ont décidé de divorcer, et la guerre a commencé. Féroce, acharnée, sans pitié. Folle. Un jour, elle avait tout juste deux ans, les parents de

Patrick nous ont pris la petite. Emmanuelle, mon bébé, mon amour, est devenue l'arme de leur conflit. Et la vie, un enfer.

Patrick a gagné la guerre. Quand ses parents ont obtenu la garde d'Emmanuelle, Jeanne a baissé les bras. Comme si, maintenant qu'elle avait perdu contre lui, ce n'était plus la peine de se battre pour elle. Mais moi, je ne pouvais pas l'accepter. J'ai demandé à un avocat qu'il m'obtienne un droit de visite. Il n'a rien pu faire. Les droits de visite n'existent pas pour les frères et sœurs. Je ne voulais pas qu'elle croie que je l'abandonne. Je ne voulais pas la quitter. Je savais où habitaient ses grands-parents et, chaque semaine, le soir en sortant du collège, j'allais sonner chez eux pour qu'ils me laissent la voir. Ils n'ont jamais ouvert. J'entendais Emmanuelle hurler derrière la porte. Je la voyais coller son front contre la vitre en sanglotant mon nom. J'y retournais, le cœur en vrac, semaine après semaine, pour qu'elle ne m'oublie pas et qu'elle sache que je l'aime.

À un moment, l'avocat a dit qu'il n'y arriverait pas : il n'existait aucun moyen, aucune loi qui me donne le droit de voir ma petite sœur. Je ne voulais pas que la seule chose qu'elle ait de moi, ce soit un chagrin derrière une vitre. J'y suis allée une dernière fois, pour bien la regarder et pour qu'elle se souvienne, peut-être, que je n'avais pas disparu sans tout essayer.

Et puis je suis partie, pour qu'elle puisse continuer sa vie. Mais quelque chose en moi s'est brisé, et pleure encore. Je n'avais pas tout à fait onze ans.

TOUT LE MONDE GRANDISSAIT, et la petite maison de Croix devenait vraiment trop petite. D'autant plus que Papa et Maman – mais surtout Maman – persistaient à ne pas voir ce qui aurait justifié qu'ils ferment leur porte à la cohorte d'égarés qui arrivaient jusqu'à eux. Alors, ils ont employé leur méthode habituelle – surtout Maman – pour trouver une solution : d'autres se seraient tournés vers des banques, des notaires ou des agences immobilières, eux se sont tournés vers « le ciel ». Et, curieusement, le ciel les a menés, par le plus grand des hasards, dans une rue de Roubaix où une grande et belle maison très bourgeoise, comme s'en faisaient construire les grosses familles du Nord au XIXe siècle, affichait un grand panneau « à vendre ». Ils ont visité : c'était exactement ce qu'il nous fallait. Une immense demeure de maître, avec dépendances et jardin, en pleine ville !

La raison aurait dû les aider à conclure que cet endroit était beaucoup trop grand, beaucoup trop beau et beaucoup trop cher pour nous, mais pas du tout. Ils savaient depuis toujours que rien n'était trop grand ou trop beau pour leurs chers petits. Quant au prix, même s'il leur paraissait astronomique au vu de leurs modestes revenus, il leur semblait très raisonnable pour un endroit aussi royal !

Ils ont fait leurs comptes – le ciel ne dispense pas de certaines contingences – et ont conclu qu'en vendant la petite maison de Croix qu'ils venaient de terminer de payer et en grattant tous les fonds de tous les tiroirs, il leur manquait un quart du prix de vente de la grande maison.

C'est là que le ciel est entré en action.

Il y a eu, d'abord, un héritage. Eh oui ! Un héritage ! Un couple d'amis de mes parents, sans enfants, qui a décidé de léguer ses économies à notre petite entreprise familiale. Le compte était presque bon.

C'est un événement un peu triste qui a complété la cagnotte : Katy est morte. Elle faisait partie de notre vie, depuis toujours. Ou plus exactement depuis le jour où Maman l'avait croisée dans le quartier, à Croix. Katy était déjà une vieille dame, née en Allemagne, veuve d'un Français, échouée dans le Nord après-guerre, dans on ne sait trop quelles circonstances. Elle a raconté sa vie à Maman, une existence sans doute pas très gaie, qu'elle finissait dans l'isolement et loin de chez elle. Maman lui a promis qu'elle ne serait plus jamais seule, de toute sa vie. C'est exactement ce qui s'est passé. Dans l'organisation familiale de nos journées, il y avait toujours une place pour Katy. Nous allions chacun notre tour, par petit groupe de deux ou trois, lui apporter son repas, midi et soir. Elle nous accueillait comme des sauveurs, dans son petit appartement, et nous racontait des histoires avec un fort accent allemand. Évidemment, elle était aussi notre invitée chaque fois que la famille avait quelque chose à fêter.

Quand Katy est morte, elle a laissé un petit magot. Pour nous. Exactement ce qui manquait pour acheter la grande maison ! Merci le ciel !

Dès que les papiers ont été signés, nous sommes allés l'inspecter, en délégation. Personne n'en croyait ses yeux ! On avait l'impression de visiter le château de Versailles, qu'aucun d'entre nous n'avait jamais vu, à part dans des livres ou à la télévision. Il y avait tellement de chambres que nous aurions chacun la nôtre ! Papa a expliqué comment il construirait un pan incliné pour que Pierre-Vincent puisse rouler sans encombre jusqu'au jardin. Tous nos amis se demandaient comment les parents allaient faire pour trouver assez de meubles afin d'aménager ce palais.

Ils ont trouvé, évidemment. Mais pas tout de suite. Les choses se sont faites petit à petit. Nous avons déménagé pendant l'été, dans cette grande maison vide que nous nous sommes empressés de remplir de cris, de désordre, de bêtises, de joie et d'amour.

Aux premiers jours de l'automne, il s'est mis à faire froid. Papa est descendu à la cave pour mettre en route l'énorme chaudière, presque aussi vieille que la maison. Elle a toussé, craché, et rendu l'âme. Définitivement. Pour n'importe qui d'autre ça aurait été une catastrophe : plus un sou sur le compte, et une immense maison pleine d'enfants mais sans chauffage, à l'approche de l'hiver, dans le Nord ! Mes parents, eux, ont pris ça avec tranquillité : le ciel leur avait donné la maison, il leur trouverait bien une solution pour la chauffer... Il n'a pas fallu une semaine. Un ami de passage vient nous rendre visite et découvrir notre nouveau palais. Il est ébahi, mais inquiet et peut-être, aussi, un peu frigorifié : « C'est magnifique, mais comment vous allez chauffer un truc pareil ? » Maman éclate de rire, « c'est drôle que tu poses cette question », et lui raconte la récente « péripétie » de la chaudière. Le lendemain, après son départ, elle découvre qu'il a laissé un chèque sur la table de la cuisine. Exactement le prix d'une chaudière.

Naturellement, une si grande maison ne pouvait appeler qu'un nouveau développement familial ! Dans les mois qui ont suivi notre installation, d'autres enfants sont arrivés. Alban, d'abord, directement débarqué d'un orphelinat éthiopien. Il avait neuf ans et il était en train de perdre la vue ; sa seule chance était de l'adopter immédiatement, pour le faire venir en France et le soigner. Alors les parents l'ont adopté, immédiatement. Et nous aussi ! Ses premiers jours dans la famille ont été épiques : il ne parlait qu'amharique. Et il était complètement affolé de sortir d'un isolement presque total pour se retrouver dans un pays inconnu, au milieu d'une petite bande très agitée qu'il distinguait à peine, et qui lui parlait beaucoup sans qu'il comprenne un traître mot. Le choc a dû être assez rude... Il ne nous a pas fallu très longtemps pour faire connaissance avec le mental d'acier de notre nouveau petit frère. Aveugle ou non, pas question de ne pas tout faire comme les autres. Absolument tout, et même un peu plus ! Comme se lancer à la découverte des rues de Roubaix, seul, et se perdre sans pouvoir expliquer qui il est ni qui nous sommes, nous, excepté en amharique. Autant dire que les gendarmes qui l'ont récupéré ont eu beaucoup de mal à savoir chez qui le ramener !

Une autre fois, nous étions tous partis pour une grande promenade sur une de ces belles plages du

Nord qui filent à perte de vue. Un terrain parfait pour qu'Alban apprenne à faire du vélo. Il a tellement bien appris qu'il a disparu. C'est nous qui l'avons perdu de vue. Impossible de le retrouver. Affolement général, battue familiale : pas moyen de savoir où il était passé. Les parents ont finalement décidé de rentrer à la maison, et d'aller voir les gendarmes. Ils ont ramené Alban tard dans la soirée ; ils l'avaient récupéré à des kilomètres de son point de départ, au bord de la mer, même pas affolé...

Alban a très vite appris à parler français, et à exprimer très clairement ce qu'il voulait : aller à l'école, bien sûr, apprendre le braille, d'accord, mais pas question de marcher avec une canne blanche. Il a suivi toute sa scolarité protégé par son meilleur copain, un excellent élève qui l'a pris sous son aile dès son arrivée. Un jour, à la radio, il a entendu un air d'accordéon, et il a déclaré : « Moi, je veux faire ça. » Il a appris la musique. L'accordéon, le piano, le saxo ; Alban est devenu le musicien de la famille. Il a fini par en faire son métier. Aujourd'hui, il est accordeur de pianos, à Paris. Et tout va bien pour lui.

Et puis sont arrivées Lina et Nary, deux sœurs cambodgiennes, rescapées des délires sanguinaires de Pol Pot. Elles étaient adolescentes, déjà, lorsqu'elles ont débarqué chez nous. Quand elles racontaient leur histoire, avec ce drôle d'accent khmer qui donnait toujours l'impression qu'elles étaient en train de se disputer, nous étions tous suspendus à leurs lèvres. C'était pire que tous les livres, tous les films que je connaissais. Lina et Nary appartenaient à une famille assez huppée de la société khmère. C'est pour ça qu'elles parlaient le français : notre culture faisait partie de leur éducation. Leur père était général, ou quelque chose comme ça, et elles avaient plusieurs frères et sœurs. Quand les Khmers rouges ont pris le pouvoir, toute la famille a été décimée, ou déportée. Le père a sans doute été assassiné, comme leur mère et leurs sœurs : un jour elles sont rentrées chez elles et tout le monde avait disparu. Mais elles ont retrouvé les vêtements de leur maman et de leurs sœurs criblés de balles... Lina et Nary ont été internées dans un camp de travail, très dur, où il fallait casser des cailloux pour construire des routes. Beaucoup de gens mouraient de maladie ou de malnutrition. Elles ont fini par réussir à s'enfuir vers la Thaïlande, grâce à l'aide de leurs cousins, après tout une épopée à travers la jungle dont le récit nous glaçait le sang. Je me souviens de l'histoire horrible d'un bébé, que sa mère devait empêcher de pleurer pour qu'ils ne soient pas repérés par les Khmers rouges. Et d'une rivière affreusement dangereuse dans laquelle elles ont dû se jeter sans savoir si elles atteindraient l'autre rive.

Quand elles ont enfin atterri en France, elles ont cru qu'elles étaient sauvées. Mais elles ont été recueillies par un couple de retraités de l'Éducation nationale, qui veillaient religieusement à leur instruction mais étaient incapables de prendre soin d'elles. Elles ont fini par écrire à la DDASS. Papa a eu vent de leur existence ; il a proposé de mettre à leur disposition deux chambres libres de la grande maison. À leur arrivée chez nous, en plein hiver, elles étaient maigres à faire peur. Il faisait un froid de gueux, et elles étaient pieds nus dans des tongs...

Lina et Nary étaient déjà très « âgées » pour être adoptées. Mais ce genre de critère est un détail pour les parents. Elles ont quand même tenu à garder leur premier nom de famille, accolé au nouveau, pour que les survivants de l'enfer khmer qui les rechercheraient puissent les retrouver, le cas échéant. Et puis elles se sont lancées à l'assaut de la vie avec le même courage et la même vitalité qui les ont sauvées de la jungle. Elles ont enfin trouvé, dans notre grande maison, une famille, et un endroit pour souffler et se reconstruire. Ce qu'elles ont parfaitement réussi.

E_N COMPARAISON DES HANDICAPS et des aventures terrifiantes de mes frères et sœurs, j'avais l'impression que ma vie avec Maman Jeanne était finalement assez tranquille, et encore très supportable. Mais quand même, depuis le départ d'Emmanuelle, une douleur incessante me tourmentait. Tout devenait de plus en plus difficile. Je n'ai pas envie de raconter en détail ces années de chagrin, d'angoisse et de mensonges. D'ailleurs, j'ai oublié. Je mélange tout, les dates et les faits. Je crois que je préfère ne plus savoir.

Je n'en pouvais plus des allers-retours entre chez Maman Jeanne et la maison. Des colères et du désespoir de ma mère de plus en plus happée par la maladie ; de ses allégations méchantes et sournoises contre mes parents, et surtout contre Maman, qu'elle aimait et détestait de plus en plus fort. Un peu comme moi : elle me chérissait et me malmenait de plus en plus fort. Je ne savais plus quoi faire pour l'aider, ni pour rendre notre vie un peu douce et jolie. J'avais peur de tout, tout le temps : qu'elle rencontre une mauvaise personne, qu'elle réussisse à se faire du mal, qu'elle fasse une énorme bêtise qui provoque une catastrophe. Et j'avais peur aussi, surtout, qu'elle retombe enceinte et que tout recommence.

À chacun de ses départs, en ambulance ou dans un fourgon de police, j'étais à la fois désolée et soulagée. Inquiète de la voir partir en prison ou chez les fous, où j'étais allée lui rendre visite quelquefois, au milieu des cris et des silhouettes effrayantes de ses compagnons d'infortune. Mais soulagée de retrouver ma chambre à moi – j'avais une chambre, rien qu'à moi ! – dans la grande maison, avec mes frères et sœurs, mes parents, la joie et ce délicieux sentiment d'être en sécurité et qu'ici au moins rien de mauvais ne pourrait m'arriver. Papa, si discret et si doux, ne pouvait s'empêcher de gronder parfois contre ce perpétuel déchirement que la vie m'infligeait. Maman, elle, me prenait dans ses bras et murmurait : «tu es ma joie», sans jamais prononcer un mot contre ma mère. Je voyais bien qu'ils étaient rongés de ne rien pouvoir faire pour améliorer notre situation. Je me souviens de leurs regards éperdus de tendresse et de douceur, et de la sensation atroce qui m'envahissait quand ils me prévenaient que Maman Jeanne était sortie et qu'on allait venir me chercher pour me ramener chez elle. J'avais honte, et mal, de sentir que tout mon corps disait non. J'étais écartelée entre mon amour pour ma mère et mon désir que tout ça s'arrête enfin.

Je voulais avoir la paix.

J'ai commencé à me cacher quand je voyais les flics arriver. Je ne voulais pas y retourner. Blottie dans le cagibi, en tétant mon pouce pour avoir moins peur et moins mal, j'entendais la voix de Papa qui tremblait en leur disant : « Bien sûr qu'elle est ici, mais ce n'est pas à moi de vous dire où, ni d'exiger d'elle qu'elle vous suive. Débrouillez-vous. »
J'ai su bien plus tard qu'ils avaient remué ciel et terre, alerté tous les services possibles et imaginables, pour trouver une issue à ce calvaire. Qu'ils étaient déchirés à l'idée que je pouvais penser qu'ils m'abandonnaient. Je savais, moi, qu'ils ne m'abandonnaient pas. Mais ça ne m'empêchait pas de me sentir seule, absolument seule, lorsque j'étais avec Maman Jeanne. Nous étions prisonniers, eux et moi, de la loi et de l'état de plus en plus catastrophique de sa santé mentale. Je finissais toujours par me rendre aux forces de police, épuisée et désespérée. Je retrouvais ma mère chérie, de plus en plus défaite,

de plus en plus hagarde, de plus en plus gavée de cachets en tout genre. À chaque sortie de l'hôpital, il lui fallait des jours et des jours de sevrage pour reprendre contact avec la réalité. Notre réalité.

La mort dans l'âme, j'ai fini par demander à Papa et Maman de m'aider à obtenir qu'un juge décide de me confier à eux. Non pas pour abandonner Maman Jeanne, que je n'ai jamais, jamais cessé d'aimer, mais pour continuer à être capable de veiller sur elle, au lieu de m'épuiser à me protéger d'elle, et à la protéger d'elle-même. J'ai compris bien plus tard qu'ils avaient fait les démarches depuis longtemps déjà : la procédure, en cours, a fini par aboutir.

À la fin de l'année de mes onze ans, j'ai été confiée à la garde de mes parents.

UNE FOIS DÉFINITIVEMENT INSTALLÉE dans la grande maison, ma vie s'organise entre ma vie au collège, puis au lycée, mes visites à Maman Jeanne et notre joyeux bazar quotidien. Gaston est rentré chez lui, au Cameroun. Pas très bien réparé, et très triste de nous quitter. En partant, il a promis de revenir, et on l'attend tous avec impatience. Ricardo est parti lui aussi, depuis longtemps. Il a une femme et des enfants. Et Marie-Laurence ne va sûrement pas tarder à en faire autant : elle est amoureuse, et même fiancée !

Parfois, Tatie Josette, la sœur de Maman, vient me chercher pour m'emmener au théâtre. Pourquoi moi ? Je ne sais pas. Peut-être qu'elle a compris que j'ai besoin de me changer les idées. Et puis elle doit aimer aussi mon côté « bonne élève », dévoreuse de livres, qui lui correspond sûrement bien plus que les facéties agitées de la plupart des membres de la tribu ! Toujours sur son trente et un, comme la grande dame qu'elle est, elle m'impressionne beaucoup. Pendant le trajet, nous parlons de mes lectures et des « grands auteurs ». Une fois installées, elle sort de son sac de très jolies jumelles qu'elle me prête pour que je puisse voir de plus près ce qui se passe sur scène. Le théâtre avec Tatie Josette, c'est toujours un moment à part. Une sorte de luxe, comme un voyage à l'étranger, très très loin de mes univers habituels...

J'ai enfin pu partir faire du ski dans le grand chalet que les amis des parents continuent de nous prêter chaque année ! Les gens de la station, touchés par notre histoire, contribuent eux aussi à nos vacances : tout le matériel nous est prêté par un magasin de location... Pierre-Vincent n'est pas en reste : Papa a bricolé un harnais pour l'attacher sur son ventre. Ensemble, ils dévalent les pentes sous le regard médusé des skieurs, au son des cris de joie de mon petit frère. Et comme rien ne l'effraie, il accepte aussi la proposition d'un jeune moniteur champion de ski de bosses, qui l'embarque sur son dos pour d'invraisemblables séances de rodéo alpin. Et que ça saute ! Le soir, les amis viennent nous rejoindre autour d'un couscous géant préparé avec amour par Maman. Et nous passons des soirées inoubliables, où tout le monde rit à s'en décrocher la mâchoire.

La maison s'est meublée petit à petit. Elle a repris des couleurs aussi. De temps en temps, pendant les vacances scolaires, on se lance dans un grand chantier de peinture. Tous les bras disponibles s'y mettent, et en moins de temps qu'il ne faut pour le dire les murs se refont une beauté et les guirlandes en stuc des plafonds prennent des couleurs comme si c'était le printemps. À chaque fête, le jardin se remplit d'invités de tous bords : quand on a la chance d'habiter un si bel endroit, la moindre des choses est de partager !

Alors Papa et Maman – surtout Maman – partagent, encore et toujours. Nous accueillons une famille gitane d'une dizaine de personnes, joyeuses et bruyantes, qui reste plus d'un mois. Et qui revient, quelques semaines plus tard, avec Lionella, une petite fille cardiaque sortie de nulle part qui a besoin d'être opérée en urgence. Maman fabrique des centaines de badges « Aidez Lionella » que nous vendons dans toute la ville pour financer l'opération. Et puis il y a Tina, une jolie Togolaise à peine plus vieille que moi, bien plus occupée à se faire materner par Maman qu'à materner son nouveau-né qui a beaucoup de mal à l'apprivoiser. Et Chantal, une jeune femme un peu perdue, qui vient faire escale avec sa petite Marie aux yeux d'un incroyable bleu, dont Pierre-Vincent tombe immédiatement amoureux.

Tout le monde grandit, et moi aussi. J'aime toujours autant l'école, où on me félicite pour mes bonnes notes en me reprochant d'être insupportablement bavarde. J'ai compris bien plus tard que si je parlais tant, c'était pour tromper l'ennui, comme beaucoup d'élèves qui assimilent plus vite que les autres ce qu'on leur enseigne. J'aime aussi toujours autant les livres, et cette maison remplie d'amour, de cris, de rires, d'engueulades ; de vie. Je sors avec mes copines, je chuchote jusque tard dans la nuit avec ma chère Helen, comme toutes les adolescentes. J'ai même enfin arrêté de sucer mon pouce, à quatorze ans passés, à la suite d'une réflexion de Papa qui, après une énième tentative pour me convaincre qu'il était indispensable pour ma santé que j'arrête de me gaver de bonbons, a jeté l'éponge en déclarant que je n'avais « aucune volonté ». Sans rien dire à personne, et surtout pas à lui, j'ai choisi le plus vertigineux des défis pour me prouver à moi-même, et à la terre entière, que j'en avais, de la volonté : les bonbons, j'ai continué, mais le pouce, j'ai arrêté. C'est un des plus grands exploits de ma vie !

L'existence est enfin douce avec moi. J'entre en seconde avec bonheur, et aussi avec deux ans d'avance. Tout va mieux jusqu'au jour où, lors d'une visite à Maman Jeanne, celle-ci m'annonce la nouvelle que je redoutais tant : elle est de nouveau enceinte.

Et moi, je suis terrorisée. Tout va recommencer.

Elle s'appelle Marie-Ange. C'est un bébé magnifique, je l'aime à la folie. Et je suis terrifiée : elle n'a pas de papa, une maman impossible, et moi. Je n'ai pas su protéger Emmanuelle. Comment vais-je pouvoir prendre soin de cette nouvelle petite sœur ?

Tout recommence, exactement comme je le craignais, mais plus fort encore. Maman Jeanne va si mal que j'aime ce bébé comme jamais. Elle est la seule beauté, la seule lumière, la seule joie de notre histoire engluée dans cette misère crasse dont rien ne semble pouvoir nous sauver. Dès que j'ai un moment, je file la rejoindre. Je vérifie les biberons, les couches, les changes. Je lui donne son bain, des soins, et des câlins, des milliers de câlins. Quand je ne suis pas là, je ne sais pas. Maman Jeanne se débrouille. Elle pouponne, déverse sur ce bébé tout l'amour qu'elle n'a pas eu. Prend soin d'elle comme elle peut, dans un nuage de fumée de cigarettes.

J'ai peur qu'on nous la prenne. Tout le temps.

Un soir, j'arrive et la police est là. Maman Jeanne a calfeutré toutes les fenêtres. Elle a dû être effrayée par quelque chose, ou s'imaginer qu'elle devait se protéger d'un danger qui viendrait de l'extérieur. Je ne sais pas. Plus ça va, plus elle a peur de l'extérieur.

Les voisins se sont inquiétés, ils ont appelé les secours. Comme elle ne voulait pas leur ouvrir, les flics ont enfoncé la porte, et l'ont trouvée, apeurée, qui tenait dans ses bras ma petite sœur, tranquillement endormie. Tout allait bien pour elle. À part que sa maman – ma Maman – l'avait déshabillée et entièrement badigeonnée de gouache bleue.

J'ai expliqué que j'avais une autre famille formidable que les services sociaux connaissaient bien, et qu'il fallait nous emmener là-bas, Marie-Ange et moi. Une femme que je n'avais jamais vue, de la protection de l'enfance je crois, a dit : «Toi tu y vas, mais le bébé, on l'emmène.» Et la douleur est revenue. Terrible, fulgurante, violente, insoutenable. La même que quand Emmanuelle hurlait derrière la vitre. Plus atroce encore, peut-être, tant mon cœur était déjà fatigué.

J'ai expliqué que Papa et Maman étaient les meilleurs des parents, pour moi mais aussi pour elle, et qu'on ne pouvait pas séparer des sœurs. J'ai dit que j'étais tout ce qu'elle avait, la seule personne qu'elle connaissait, sa seule famille, puisqu'on lui enlevait sa maman. Que c'était impossible, inhumain, de nous faire ça. Qu'elle ne connaissait personne d'autre que moi, qu'elle allait avoir peur, que je savais très bien m'en occuper.

Rien n'y a fait. Une ambulance a emporté Maman Jeanne vers l'hôpital. Ils m'ont embarquée dans le panier à salade pour me déposer à la maison. Et Marie-Ange est partie en hurlant avec la dame chargée de sa «protection», pour être placée dans une pouponnière où personne ne la connaissait, et où elle ne connaissait personne.

Aucun mot ne peut dire cette douleur-là.

Je ne pouvais pas laisser faire ça. J'ai demandé à voir le juge qui s'occupait de mon cas, et qui m'avait confiée deux ans plus tôt à plein temps à Papa et Maman. Il m'a reçue, et il m'a expliqué : on ne peut pas placer un si petit bébé dans une famille sans faire une enquête pour être sûr de choisir ce qui est le mieux pour lui. Moi je savais que le mieux, pour Marie-Ange, c'était d'être avec moi et toute la famille dans la grande maison. Il a dit qu'effectivement, c'était peut-être une solution. Que les parents avaient fait la demande et que les services sociaux étaient en train d'étudier cette possibilité. J'ai demandé si ça allait prendre longtemps, parce qu'en attendant, Marie-Ange était toute seule à la pouponnière. Il m'a répondu qu'elle n'était pas toute seule et que des gens très compétents prenaient soin d'elle. J'ai dit que je voulais la voir. Qu'elle me manquait. Que je voulais qu'elle sache que je ne la laissais pas. J'ai dit que je savais qu'on ne donne pas de droit de visite aux enfants, mais que j'étais presque grande, maintenant, et qu'on ne pouvait pas me priver de ma deuxième petite sœur.

Le juge a compris. Il m'a donné la permission d'aller voir Marie-Ange à la pouponnière, à la sortie des cours. Ça m'a semblé très peu, mais c'était mieux que rien.

J'y suis allée, presque tous les jours, en attendant la décision des services sociaux. Elle me faisait la fête à chaque fois que j'arrivais. Je restais une heure ou deux, à jouer avec elle et à lui raconter des histoires. Je lui donnais à manger, il n'y avait qu'avec moi qu'elle mangeait volontiers. Et puis je ramassais tout mon courage pour partir en souriant, comme si c'était aussi un jeu, pour qu'elle ne se mette pas à pleurer. Ça ne marchait jamais. Dès qu'elle sentait que c'était le moment du départ, elle s'accrochait à mon cou comme un naufragé à sa bouée, et elle se mettait à hurler. Chaque fois, je repartais avec les cris et les sanglots de ma petite sœur dans les oreilles, et je ne pouvais rien faire à part la laisser là, lui tourner le dos et filer sans me retourner.

Cette période a été l'une des plus terribles de ma vie. Nuit et jour, les hurlements de mes petites sœurs tournaient dans ma tête, en boucle. Et je n'avais aucun moyen de les faire cesser. J'en ai parlé à Maman, elle m'a prise dans ses bras en me disant de faire confiance au ciel, et qu'il trouverait bientôt une solution.

Un soir, en sortant de la pouponnière, mon cœur a explosé. J'étais dans la rue, toute seule, il faisait nuit, et je me suis mise à hurler aussi, comme Marie-Ange. J'ai appelé le ciel, ou Dieu, ou ce père céleste qui avait oublié de m'accompagner, depuis tout ce temps. J'ai dit que je ne comprenais pas comment il pouvait laisser faire une chose pareille. J'ai réclamé une réponse, tout de suite, autrement ça serait fini entre nous.

Je ne peux pas expliquer ce qui s'est passé exactement, je suis tombée à genoux sous le choc. Cette nuit-là, dans cette rue, Dieu m'a répondu. Et j'ai vu, très clairement, qu'Il était penché sur moi, mais que même lui ne pouvait pas faire entrer l'océan dans un seau ; j'ai vu, très clairement, que mon cerveau était trop petit pour comprendre les raisons de notre situation, de la même manière qu'un seau est trop petit pour contenir tout un océan. Et j'en ai été apaisée, immédiatement, sans bien savoir pourquoi.

Ma vie n'a pas changé pour autant après cette nuit-là. Quelques semaines plus tard, les services sociaux ont rendu leur verdict pour Marie-Ange : c'était non. Impossible de placer un si petit bébé dans une famille si particulière, et déjà si nombreuse ; elle risquait de «trop s'attacher», et les parents aussi. Il y avait trop d'amour, en quelque sorte. Et on sait bien que trop d'amour, c'est dangereux, surtout pour des enfants.

Je n'y comprenais plus rien, à ce monde. J'ai vraiment cru que j'allais mourir de chagrin.

A PRÈS PLUSIEURS MOIS de pouponnière, ils ont fini par lui trouver une famille d'accueil. Elle doit avoir deux ans, deux ans et demi. J'ai négocié avec mon juge : j'ai le droit d'aller la voir, une fois par semaine. C'est un peu loin de chez nous, mais je m'en fiche. Je m'y précipite dès le premier mercredi. Je n'aime pas la maison : elle est triste et sombre. La dame m'ouvre la porte et me regarde à peine. C'est ça, la mère qu'ils ont trouvée à ma petite sœur ? Elle ne me propose pas de la suivre dans la salle de séjour. Nous sommes cantonnées dans le hall d'entrée, sinistre et froid. Un point c'est tout. Marie-Ange arrive en trottinant. Elle se précipite vers moi, et se colle dans mes bras, comme si on ne s'était pas vues depuis une éternité. Je lui parle tout bas, je la berce, je l'embrasse, je la serre contre moi. Et puis je la décolle, pour qu'on puisse jouer un peu. Elle ne veut pas. Elle s'agrippe, elle s'accroche, en me suppliant du regard. Je la câline, encore. Je lui explique que je sais comme c'est difficile de changer de maison, mais qu'elle va s'habituer, et que je serai là, tous les mercredis, pour m'occuper d'elle et voir si tout va bien.

Quand je repars, elle sanglote et je sais que tout ne va pas bien. Je n'aime pas cette femme, je n'aime pas cette maison, et ça n'a rien à voir avec ma douleur. Quelque chose cloche avec ma petite sœur.

Je n'en parle à personne. Qui pourrait comprendre ? Qui pourrait savoir, à part moi, que je ne ressasse pas mon chagrin d'Emmanuelle et mon amertume de n'avoir pas pu obtenir que Marie-Ange vienne vivre avec nous ? Qui pourrait me croire quand je dis qu'elle est vraiment mal là-bas ? La semaine d'après, je me dépêche d'arriver. Même accueil glacial, même scénario déchirant. Je suis sûre que quelque chose ne va pas, mais je ne sais pas quoi, et elle est trop petite pour m'expliquer.

Je ne peux pas. Je ne peux pas la laisser comme ça. En un quart de seconde, ma décision est prise. Je l'attrape, j'ouvre la porte et je cours, dans la rue, le plus vite possible, sans me retourner. Je la sens qui s'accroche à moi de toutes ses forces, le nez dans mon cou. Je cours, je cours. Je sais que je n'arriverai jamais à courir jusqu'à la maison, c'est trop loin. Quand je n'en peux vraiment plus, je m'arrête sous un porche pour reprendre mon souffle. Marie-Ange est collée à moi comme un bébé kangourou cramponné à la poche de sa mère. Je la rassure comme je peux. En levant les yeux, je réalise que, juste sous mon nez, une plaque de cuivre indique «médecin».

J'attends de ne plus être essoufflée du tout, et je sonne. La porte s'ouvre. Salle d'attente. Avoir l'air le plus normal possible. Pour qu'il m'écoute et qu'il me croie, il faut que je sois calme et tranquille. Marie-Ange me regarde, sans rien dire. J'ai peur, encore.

Quand le médecin apparaît, mon cœur bat à cent à l'heure. Je dis d'un voix posée : «C'est ma petite sœur, elle ne va pas bien.» Surtout, ne rien raconter tant qu'il ne l'a pas examinée. Après, on verra.

Quand il me demande de la déshabiller, je suis horrifiée de ce que je découvre, et je vois dans ses yeux que lui aussi. Des bleus, partout. Des traces de coups. Elle baisse les yeux, comme si c'était sa faute et qu'elle avait honte.

J'ai raconté toute l'histoire au docteur. Et je lui ai donné le nom et le numéro de téléphone de mon juge, qu'il a appelé immédiatement. Les flics sont venus et le cirque a recommencé : malgré mes supplications, ils ramènent Marie-Ange à la pouponnière. Je rentre à la maison sans elle, absolument désespérée.

Les parents prennent les choses en main. Ça dure encore des mois et des mois. Finalement, un jour, nous avons rendez-vous, Papa, Maman et moi, avec le juge qui doit nous faire part de sa décision. Depuis le matin, je suis en larmes. L'angoisse me brûle les yeux, le cœur et les tripes. Je suis sûre que la justice ne nous confiera pas Marie-Ange. Si c'était le cas, elle l'aurait fait depuis longtemps, non ? Maman essaie de me consoler, en avançant un argument imparable selon elle : nous sommes le 4 octobre, c'est son anniversaire. Quel plus beau cadeau le ciel pourrait-il lui envoyer ? Malgré tous ses efforts, ça ne calme pas mes sanglots…

Quand nous entrons dans le bureau de madame le juge, nous avons tout juste le temps de nous asseoir qu'elle demande aux parents : « Vous êtes toujours d'accord pour accueillir Marie-Ange ? » À peine ont-ils le temps de répondre un grand « bien sûr », en chœur, qu'elle nous annonce qu'elle leur en confie la garde. Plus fort encore : elle nous demande pardon pour toutes les erreurs qui ont été commises et nous remet un papier signé de sa main autorisant Papa et Maman à aller récupérer ma petite sœur dès le lendemain !

Évidemment, le lendemain, Maman file à la pouponnière, où elle s'entend expliquer par le personnel du service que la procédure prévoit un « temps d'acclimatation » pour l'enfant, qui lui sera confiée petit à petit – une heure aujourd'hui, deux heures demain, etc. – pour ne pas la... « perturber ». La perturber ! Ces gens sont fous... Maman ne s'est pas laissée faire : elle est venue chercher Marie-Ange, elle repartira avec Marie-Ange, un point c'est tout. Armée du papier de la juge, elle exige qu'on l'appelle sur-le-champ.

Ce soir-là, en rentrant du lycée, mon cœur a bondi : ma petite sœur, mon ange est à la maison ! Définitivement ! Papa et Maman sont enfin devenus ses parents adoptifs : les services sociaux ont fini par admettre que « trop » d'amour, c'est moins « perturbant » que pas assez.

FINALEMENT, MON PÈRE céleste avait mis un peu de temps à faire entrer l'océan dans le seau, mais il y était arrivé. Pour la première fois depuis très longtemps, j'ai pu enfin souffler. Plus la peine de faire semblant pour donner l'impression d'être «normale», puisque j'avais une existence normale, mis à part mes visites hebdomadaires à Maman Jeanne, à l'hôpital ou chez elle, en fonction de son état. Quand je quittais la maison en criant «Maman, je vais voir Maman!», il y avait toujours un des petits pour éclater de rire. Ça me faisait rire aussi. La vie était vraiment plus légère depuis que je n'avais plus à m'en inquiéter…

Je peux même inviter mes copains de classe à venir faire nos devoirs – et surtout chanter l'intégralité du répertoire de Mickael Jackson et des Cure, en anglais s'il vous plaît – dans ma chambre! Pour mes quinze ans, j'organise une boom à tout casser dans le grenier pas encore aménagé. J'ai l'impression d'être une châtelaine. J'avoue, j'étais toujours assez fière de l'effet que leur faisaient la grande maison, mais aussi Pierre-Vincent qui nous déboulait dans les pattes à toute allure ; Marie-Ange, craquante comme un ange dans ses petites robes à fleurs ; et mes si magnifiques frères et sœurs de toutes les couleurs. Les plus curieux m'interrogeaient pour essayer de comprendre comment était composée ma famille, et d'où venaient tous ces enfants. J'adorais voir leurs têtes quand, à la question « Mais t'as combien de frères et sœurs ? » je répondais, avec malice : « Euh... je ne sais pas. Beaucoup, comme tu peux voir. » « Et c'est qui, l'aîné ? – Alors là, ça dépend des critères. Tu veux dire le plus vieux ? Le premier arrivé ? Le plus raisonnable ? » Je découvrais avec délice que quand on a l'impression d'être normale, c'est un plaisir d'être différente.

En tant qu'adolescente « normale », je n'ai pas oublié de contribuer à la crise d'adolescence, collective, mais elle aussi tout ce qu'il y a de plus « normale », de notre petite bande fraternelle. À la maison comme à l'école, j'étais souvent bombardée porte-parole. Lorsque nous avons décidé, d'un commun accord, que les règles de la vie de famille étaient bien trop strictes, c'est moi qui ai sollicité une entrevue entre nous, les « grands », et les parents.

Nous voulions avoir le droit de rentrer plus tard à la maison les soirs de sortie. Et aussi que les horaires et la répartition des tâches ménagères soient assouplis, surtout le week-end. Et même en semaine, d'ailleurs : nous voulions pouvoir choisir la manière dont elles s'organisaient au lieu que cela nous soit autoritairement imposé. Maman écoutait avec un air grave que nous ne lui connaissions pas ; Papa, au contraire, arborait un petit rictus du plus mauvais augure. Nous avons cru que nos revendications allaient être rejetées, en bloc. Mais pas du tout ! À notre grande surprise à tous, et sans même s'être concertés (je les soupçonne d'avoir senti la révolte monter, et d'avoir fomenté leur réponse avant même qu'on leur pose la question), les parents nous ont répondu très calmement qu'ils étaient d'accord : nous étions désormais assez grands pour nous organiser tout seuls et établir nos propres règles. Et donc, ils ne s'en mêleraient plus.

Il a fallu huit jours, à peine, pour que la maison se transforme en un vrai champ de bataille. Les plus pointilleux étaient exaspérés par le désordre des plus désinvoltes, les repas n'étaient jamais prêts à temps, le linge s'est entassé sans que personne ne puisse plus y retrouver ses petites culottes, ses chaussettes, et le ton s'est mis à monter entre les mutins. La rage au cœur de ne pas avoir su trouver de demi-mesures, mais soulagés de ne pas avoir à régler nous-mêmes les conflits naissants, nous avons laissé les parents reprendre les choses en main. Pour le plus grand bien du plus grand nombre !

Je ne me suis pas dispensée, non plus, de petites expériences plus personnelles. Il y a eu en particulier cette cuisante épopée scolaire, en bus, vers les châteaux de la Loire, au cours de laquelle certains élèves avaient trouvé malin d'apporter quelques « munitions » interdites. Le soir, après le couvre-feu, nous nous sommes retrouvés tous ensemble pour faire des « trucs cool », comme fumer et boire. C'était la première fois de ma vie que je m'adonnais aux « plaisirs » de l'alcool. En très peu de temps, j'étais ivre morte : je me souviens juste d'un moment où je me suis levée pour marcher un peu et où je me suis violemment cognée contre un arbre dont j'avais nettement sous-évalué la distance et la densité. Naturellement, je n'ai aucun souvenir de la manière dont les professeurs nous ont découverts, mais je me souviens très bien de mon affreuse gueule de bois du lendemain, dans le bus du retour, et de l'angoisse qui montait au fur et à mesure que nous approchions de Roubaix. Je redoutais la réaction des parents, prévenus par téléphone, et je me doutais bien que j'aurais droit à une très grosse explication.

À l'arrivée, Papa m'attendait, avec ce petit rictus de quand il s'empêche de rire. Il m'a tancée sans conviction. J'ai compris bien plus tard que lui et Maman étaient soulagés de voir enfin leur petite fille si sage et si sérieuse devenir une enfant comme les autres, prompte à s'amuser et capable de faire des bêtises. Mais, bien sûr, ils ne me l'ont jamais dit.

Depuis que j'avais dévoré *Mort sur le Nil*, quelques années plus tôt, l'idée avait fait son chemin : je serai égyptologue. Et j'avais bien repéré que la meilleure école pour y parvenir s'appelait l'École du Louvre, à Paris. J'ai commencé à en parler aux parents, qui m'écoutaient d'une oreille distraite en espérant que ça me passerait. Papa, surtout, n'avait pas du tout envie d'imaginer sa chère petite toute seule à Paris ! Il faudrait bien qu'il s'y fasse, pourtant. J'ai commencé à insister ; ça a commencé à l'agacer. J'avais à peine seize ans, il trouvait que j'étais bien trop jeune pour m'envoler du nid. Finalement, nous nous sommes disputés, et il a conclu la négociation par un « si c'est comme ça, fais ce que tu veux. Mais ne compte pas sur moi pour t'aider ».

Il ne fallait pas me le dire deux fois. Le lendemain des résultats du bac, que j'ai réussi haut la main, j'ai pris le train pour Paris avec la ferme intention de m'inscrire à l'École du Louvre et d'organiser ma future vie parisienne. Une amie de Virginie m'avait donné les coordonnées de sa mère, veuve depuis peu, qui venait de s'installer vers la Gare du Nord et qui pourrait peut-être me louer une chambre. Et j'avais soigneusement noté l'adresse de ma chère école, et tout un tas d'informations qui me semblaient utiles pour débarquer dans la capitale, sur un «carnet de survie». J'étais assez fière de m'être débrouillée pour arriver sans encombre. Il faut dire qu'en matière de débrouille j'avais quelques longueurs d'avance sur la plupart des jeunes de mon âge. En revanche, en ce qui concerne l'orientation scolaire, j'étais complètement à la ramasse : Internet n'existait pas à l'époque, et aucun des adultes qui m'entouraient ne s'était vraiment penché sur mon projet d'études. Au bureau d'accueil de l'école, on m'a expliqué avec désolation qu'il ne suffisait pas de vouloir étudier pour être acceptée, et que les inscriptions au concours d'entrée, surtout tenté par des étudiants qui, en plus de leur bac, avaient pour la plupart passé deux ou trois ans à la fac, étaient closes depuis plusieurs jours déjà. «De surcroît, sachez qu'il y a un tout petit pourcentage de reçus...»

J'avais tellement rêvé de cette école que je n'avais jamais songé que les choses pourraient se passer comme ça. D'ailleurs, ça n'était pas possible qu'elles se passent comme ça : je m'en fichais, du «petit pourcentage», du moment que j'en faisais partie. Pas question que mon rêve se refuse à moi! Armée de ma candeur et de ma détermination – et aussi de mon excellent dossier scolaire, ça peut aider –, je suis montée à l'assaut de l'administration, sans imaginer une seconde que mon combat pouvait être vain. Et j'ai eu drôlement raison. À la fin de la journée, j'ignore par quel tour de passe-passe, j'étais admise à suivre les cours. L'égyptologie me tendait les bras !

C'est rengorgée de ma victoire toute fraîche que je me suis présentée chez la mère de l'amie de Virginie. Elle m'a reçue dans son très bel appartement du dixième arrondissement, qui sentait encore bon la peinture après avoir été récemment réhabilité de fond en comble. Ma nouvelle vie parisienne s'annonçait sous les meilleurs auspices. C'est après avoir bu le thé au salon, dans un très élégant service en porcelaine, que j'ai dû déchanter, et réintégrer la réalité : pour la réhabilitation, la dame avait finalement choisi de ne pas aller jusqu'aux combles. En haut d'un sinistre escalier de service, elle m'a fait visiter la « chambre » qu'elle se proposait de me louer – uniquement pour me rendre service, bien entendu, mais tout de même pour un petit loyer de neuf cents francs mensuels, à payer en liquide. Un cagibi très mansardé, crasseux et minuscule, dans lequel je pouvais à peine tenir debout, vaguement éclairé par un pauvre vasistas, tout juste équipé d'un mauvais lit et d'un seau dans lequel gouttait un robinet d'eau froide, assorti de toilettes sales et collectives sur le palier.

Avec Maman Jeanne, je m'y connaissais en matière de taudis. J'en avais vu d'autres. Pas tellement pires, mais que nous avions intégrés dans des circonstances beaucoup moins engageantes. J'ai accepté ce que le ciel me proposait, en me disant que c'était quand même une très belle journée, et je suis rentrée à Roubaix pour trouver un job d'été qui m'aiderait à financer ma rentrée universitaire. Paris et les pharaons n'avaient qu'à bien se tenir!

PAPA M'AVAIT DIT de ne pas compter sur lui pour m'aider et, bourrique comme j'étais, je n'avais rien fait pour que l'été nous réconcilie. Je n'ai donc compté que sur moi-même pour affronter la rentrée. J'avais une certaine habitude... Dès mon arrivée à Paris, j'ai trouvé un boulot d'étudiante en trichant sur mon âge – du mensonge aussi, j'avais une certaine habitude. C'est un poste de télévendeuse pour un grand quotidien national : très tôt le matin et très tard le soir, je dois appeler les gens chez eux, juste au moment où ça les dérange le plus, pour essayer de leur fourguer un abonnement dont ils n'ont pas besoin. Les premiers jours sont terribles, je n'ose pas insister, je m'excuse de déranger, on me raccroche au nez des dizaines et des dizaines de fois, et je ne vends rien du tout, sous le regard amusé et un peu méprisant de mes chers collègues, tous nettement plus vieux et plus aguerris que moi.

Je n'y arrive pas, mais je n'ai pas le choix, j'ai absolument besoin de cet argent. Et tout d'un coup, j'ai le déclic. Je trouve la manière, ce truc instinctif et inexplicable, un peu dégoûtant, des vrais baratineurs qui savent comment forcer le client à acheter leur camelote sans même qu'ils se rendent compte de ce qui leur arrive. Je ne suis pas toujours fière de moi, mais je n'arrive pas non plus à avoir complètement honte : avec cet argent, je paie mon taudis, mon abonnement SNCF pour rentrer le week-end à Roubaix, et un sandwich par jour. Royal ! Juste de quoi passer le reste de mes journées à me vautrer avec passion dans les délices et les détails les plus secrets, les plus insolites et les plus captivants de l'Histoire, de l'histoire de l'art et de l'Égypte ancienne.

Je découvre Paris en arpentant ses rues avec émerveillement. Comme son nom l'indique, mon école se trouve... dans le Palais du Louvre ! Chaque jour, en allant en cours, je savoure ma vie de château, dans le plus beau monument de la plus belle ville du monde ! Avec ma carte d'étudiante, j'ai accès à tous les musées, toutes les expos, toutes les bibliothèques. Je me gave de bouquins, de tableaux, de sculptures, d'antiquités, d'Histoire dans tous ses états. J'ai l'impression de n'avoir jamais rien vu, rien lu, rien connu, à côté des autres étudiants. J'ai l'impression d'avoir tout une enfance et une adolescence à rattraper, urgemment. De quoi pourrais-je me plaindre ? J'ai la vie à laquelle j'ai si longtemps aspiré sans même oser imaginer qu'elle serait un jour à ma portée. Je me paie le luxe de faire ce que j'aime, sans avoir plus à m'inquiéter de ce qui pourrait arriver de terrible, dans une ville dont les beautés extraordinaires me font oublier la laideur et l'inconfort crasse de mon antre minable.

Un jour, Papa profite d'un rendez-vous à la capitale pour venir me rendre visite. Il ne dit rien, mais je vois bien que mon installation plus que sommaire le touche et l'affecte. J'avoue, j'en tire un certain plaisir. Une petite voix qui dit, à l'intérieur de moi, «tu m'as laissée tomber ? Eh bien, assume maintenant»... Je n'ai pas mesuré, à l'époque, à quel point mon cher Papa était loin de s'imaginer ce que pouvait être la vie d'une étudiante fauchée dans une grande ville comme Paris. Comment aurait-il pu le savoir, il n'avait pas fait d'études supérieures, et j'étais la seule de ses enfants à m'être lancée dans une telle aventure ! Au cours des semaines qui ont suivi, il a refait le voyage, sans rien dire, pour m'installer un radiateur électrique, réparer mon robinet et déposer sur mon étagère le petit matériel nécessaire à préparer ou réchauffer un repas. Grâce à lui, mon premier hiver parisien a perdu un peu de sa rudesse... Merci mon Papa.

À l'École du Louvre, je découvre aussi un univers social que j'avais un peu côtoyé dans les établissements privés où j'ai suivi ma scolarité, sans en prendre toute l'ampleur. Je suis entourée de fils et surtout de filles de très bonne famille, tous plus âgés que moi, qui étudient un peu comme on pratique un loisir, en attendant de trouver le conjoint avec qui s'embarquer pour la vie. Mon projet à moi est radicalement différent ! Je ne suis pas pressée, du tout du tout, de me marier et d'avoir charge de famille. J'ai déjà donné ! Moi ce que je veux, c'est étudier, découvrir l'Égypte, et gagner ma vie pour en faire ce que bon me semble sans jamais devoir rendre de comptes à personne, et si possible, sans jamais plus manquer de rien.

À la maison, la vie suit son cours. Même si j'observe tout ça d'un peu plus loin, c'est toujours un bonheur de retrouver les grandes tablées, les cris et les rires, les câlins et les chahuts. Marie-Ange va bien ; elle est magnifique. Nous devenons des grandes personnes, les uns après les autres. Certains ont du mal à trouver leurs marques en sortant du cocon d'amour qui les a enveloppés et protégés durant toutes ces années. Les blessures d'enfance ne guérissent pas toujours et laissent parfois des traces et des douleurs qui empêchent de grandir. D'autres, au contraire, avancent dans la vie, comme réparés, remplis de confiance et de force.

Marie-Laurence s'est mariée, ce qui est assez étrange pour moi qui me cantonne avec application aux amours platoniques, que je trouve déjà bien assez compliquées comme ça. Ils ont très vite fait un premier bébé, Aymeric, suivi d'une jolie Fleur. Une grande joie voilée quelque temps plus tard par une mauvaise nouvelle : après plusieurs chutes dans le jardin suivies de fractures inexpliquées, on découvre qu'Aymeric est atteint d'une myopathie, douloureuse et incurable.

Gaston a fini par revenir, pour notre plus grand bonheur. On lui a fait une fête du tonnerre ! Il nous a tous beaucoup impressionnés. Il a toujours la figure aussi amochée, mais son corps d'ado s'est transformé en corps d'athlète, absolument parfait, pas un pet de graisse et des pectoraux de compétition et des abdos en tablettes de chocolat, comme dans les magazines. Et tout ça sans faire aucun effort ! Les garçons sont verts de jalousie. Il commence des études de comptabilité, avec sérieux et acharnement. Il ne nous dit pas grand-chose de ses dernières années passées au Cameroun, et toujours rien du tout de ses douleurs et de ses découragements. Mais quand il m'arrive de sortir avec lui en ville, j'enrage de croiser le regard des gens, et d'entendre les commentaires effrayés, effrayants, que déclenche notre passage. Comment peuvent-ils ne pas se rendre compte à quel point ils sont blessants ? Et comment Gaston, notre valeureux Gaston, peut-il supporter ce constant rappel de son calvaire ?

Il ne le supporte pas, en vérité. Seuls Papa et Maman sont au courant : la souffrance des greffes et des opérations qu'il continue à subir avec plus ou moins de succès n'est rien à côté de ce sentiment grandissant que nous sommes les seuls à pouvoir l'aimer comme il est, et qu'il ne pourra sans doute jamais être accepté avec amour ni par une femme, ni par une autre famille que la nôtre.

Marie-Ange grandit, comme un ange. Tout va bien pour elle, désormais. Notre Maman Jeanne, elle, ne va pas beaucoup mieux. Un internement après l'autre, elle s'enfonce lentement dans ses délires et ses amertumes. Elle est toujours heureuse de me voir, émerveillée d'avoir mis au monde la « plus belle des princesses ». Et toujours prompte à faire suivre une douceur d'une petite cruauté, une jolie vérité d'un vilain mensonge... Elle appelle Maman – qu'elle appelle toujours « Maman » – au moins une fois par jour, souvent plus. Nous avons droit au même traitement, elle et moi : une promesse, une menace ; une tendresse, une brutalité... Je ne lui en veux pas ; je l'aime. C'est sa maladie que je déteste. Et les séquelles irréparables que lui laissent les traitements chimiques, mois après mois.

À la fin de ma deuxième année d'études, ma vie finit par grandement s'améliorer. Je me fais une très bonne amie, Myriam, avec qui je partage ma passion pour l'Égypte. Je prends aussi des cours d'histoire de l'art à la Sorbonne, où je fais la connaissance de Martina, une jeune hippie allemande, peintre, étudiante aux Beaux-Arts, qui m'offre deux cadeaux qui vont radicalement changer mon quotidien. D'abord, elle parle de moi à la propriétaire de la ravissante chambre de bonne qu'elle occupe en face du Louvre, dans un bel immeuble haussmannien. Il se trouve que la dame possède également les chambres d'à côté, et que, miracle, l'une d'entre elles est libre ! Je quitte sans regret mon taudis et ma taulière du dixième arrondissement pour aménager, pour un loyer équivalent, dans un somptueux palace d'au moins dix mètres carrés, propre et clair, lumineux, bien isolé et bien chauffé, équipé d'une douche, dans lequel je peux enfin inviter sans honte mes copines à boire le thé, et dont je n'ai qu'à dévaler les six étages pour traverser la rue et être à l'heure aux cours.

Le deuxième cadeau de Martina, c'est la soupe de poulet. Pour la première fois de ma vie, j'apprends à cuisiner ! Pour le prix de deux sandwichs, ma nouvelle amie m'a montré quels légumes acheter et comment les faire bouillir avec des ailes de poulet sur la petite plaque chauffante de ma kitchenette, pour me confectionner plusieurs rations de la meilleure soupe de poulet de tout l'univers. Mon régime alimentaire change radicalement ! Quand j'en ai marre de la soupe, je me régale d'un mélange quasi gastronomique de bacon et de maïs en boîte dont j'ai le secret.

Un bonheur en appelant un autre, en déménageant, je peux aussi changer de sources de revenus. Le quartier du Louvre est peuplé de familles aisées en quête de répétiteurs pour leurs chères têtes blondes. J'abandonne la vente forcée par téléphone pour donner des cours particuliers, d'anglais et d'histoire, aux enfants récalcitrants. C'est comme ça que je réalise que l'Égypte ancienne est au programme de sixième ! Je commence à maîtriser assez bien la matière. J'ai donc l'idée de proposer aux collèges une conférence vivante et fougueuse sur mon sujet de prédilection. Je casse ma tirelire pour acheter quelques séries de diapositives et je me lance, sans me poser de questions. Ça marche du feu de Dieu ! Tellement bien que j'ai aussi l'idée de proposer mes prestations aux maisons de retraite, qui m'accueillent à bras ouverts.

Après des années de vaches maigres, j'ai l'impression de rouler sur l'or. Au point même de réussir à mettre de l'argent de côté, patiemment, pour pouvoir enfin réaliser mon rêve : je vais partir pour l'Égypte, à la découverte de mes chers pharaons...

J'AI RAMASSÉ TOUTES MES ÉCONOMIES et, pour la première fois de ma vie, j'ai pris l'avion. Trois semaines en Égypte avec mon amie Myriam ! Je venais d'avoir dix-neuf ans, et le monde était à moi. Le monde entier, et plus particulièrement le Nil, les musées du Caire, les pyramides, les temples... C'était tellement magnifique, incroyable, merveilleux, je crois que je n'ai presque pas dormi pendant la durée de notre séjour. Je n'en revenais pas d'être ici, à l'intérieur de tous les livres que j'avais lus, de tous les cours que j'avais suivis, de toutes les histoires que j'avais racontées, de tous les rêves que j'avais échafaudés. J'avais tellement désiré ce voyage que j'avais réussi à le transformer en réalité ! J'étais là, maintenant, pour de vrai, dans la chaleur et le sable de l'Égypte. Moi, la petite pouilleuse qui avait passé son enfance à faire semblant d'être comme les autres, je respirais l'air caniculaire du désert et je marchais sur les pas de Cléopâtre et de Néfertiti ! J'en avais rêvé, des jours et des nuits, mais est-ce que j'y avais vraiment cru ? Honnêtement, je n'en suis pas sûre. Ce voyage, pour moi, c'était comme un miracle.

Tout ce que j'ai pu faire, je l'ai fait, tout ce que j'ai pu voir, je l'ai admiré avec émerveillement, tout ce que j'ai pu goûter, je m'en suis gorgée. Nous avons traversé le pays du nord au sud, en train de nuit, pour arriver à Louxor et ses splendeurs ; j'ai fait tout le voyage portes ouvertes, pour respirer les odeurs, capter les paysages, me laisser envahir tout entière par ce moment phénoménal. Nous avons continué en bus, vers Assouan. Dans le désert, j'ai vu apparaître les temples d'Abou Simbel, posés en plein sable, tellement hallucinants de beauté que j'en ai oublié de boire : en plus des temples, j'ai vu trente-six chandelles et quelques mirages, eux aussi magnifiques et bouleversants ! Et puis le calme et la fraîcheur du monastère Sainte-Catherine et l'ascension du mont Sinaï, la nuit, pour s'offrir le lever de soleil vu d'en haut.

Au matin, dans la somptuosité de l'aube égyptienne, j'ai savouré la vie. Ma vie, la victoire extraordinaire d'être là, comme au sommet du monde, et l'horizon d'une folle beauté qui s'offrait à moi. J'étais au début de mon aventure et, ce matin-là, vue d'Égypte, elle semblait éblouissante.

Bien sûr, le retour sur terre a été un peu cruel. De mon voyage, en plus des images inoubliables, j'ai rapporté le palu récurrent, dont les violentes poussées me mettront à plat régulièrement, pendant de nombreuses années. C'est une sorte de rappel à l'ordre : il est temps que j'apprenne aussi à prendre soin de mon corps ! En découvrant les photos que Myriam a prises de moi en Égypte, je réalise que je suis maigre à faire peur. Je comprends mieux pourquoi Martina a tellement insisté pour la soupe de poulet !

J'attaque ma troisième année à l'École du Louvre avec la ferme intention de me remplumer, et de prendre des forces pour repartir bientôt continuer ma découverte de l'Égypte *in situ*. Mais une rencontre va semer la zizanie dans ma voie toute tracée...

Il s'appelle Raphaël, il a à peine deux ans de plus que moi, il est passionné d'art populaire, d'enluminures et de Moyen Âge et il vient d'être accepté à l'École du Louvre. Je l'aime bien. Il me fait la cour avec grâce, obstination et insistance. Dans un premier temps, j'observe son manège avec amusement et un rien d'incrédulité. Je n'ai pas du tout réalisé que je suis devenue une jeune femme qui peut plaire aux hommes. Comme si j'avais oublié cette partie-là de ma vie : moi, mon objectif, c'est de devenir égyptologue. Et je suis hyperconcentrée sur mon objectif, dont rien ne semble pouvoir me détourner.

Mais Raphaël met tout en œuvre pour me déconcentrer et, à un moment, à ma plus grande surprise, les choses m'échappent et s'accélèrent. J'étais encore une petite fille, je crois. Je l'ai regardé tomber amoureux de la jeune femme qu'il voyait en moi sans vraiment mesurer ce qui était en train de se passer. Quand j'y pense aujourd'hui, je trouve très étrange d'avoir été capable, enfant, de gérer tant de problèmes d'adulte ; d'avoir mûri si vite en étant très tôt partie prenante de la vie de Maman Jeanne, et d'avoir pourtant abordé les débuts de ma vie de femme avec tant de candeur. Je me suis laissée porter, et aimer, par ce jeune homme charmant et enthousiaste, avec une légèreté et une inconscience qui m'étaient bien peu familières. Et après tout, pourquoi pas ?

Le jour où j'ai découvert que j'attendais un bébé, j'étais sidérée. J'avais toujours pensé, et même décidé, que je n'aurais jamais d'enfant. Et à aucun moment je n'avais réalisé que j'étais, moi aussi, en âge d'être mère. La nouvelle m'a bouleversée, et terrorisée. Quelle maman pourrais-je bien être ? Qu'avais-je de bon à transmettre à un enfant ? Comment serais-je capable d'en prendre soin et que lui arriverait-il si j'étais défaillante ? Je ne savais même pas cuisiner, me nourrir correctement. Je n'avais pas de métier, aucun moyen d'assurer l'avenir de ce bébé...

J'ai potassé tous les bouquins que j'ai pu trouver sur la grossesse, l'accouchement, l'enfance, l'éducation. Je sentais en moi une vraie bagarre entre la joie immense de porter cette vie, et la terreur de prendre une telle responsabilité et de ne pas savoir l'assumer ; l'angoisse, aussi, de voir mon existence me glisser entre les doigts au moment même où je croyais la saisir enfin. Rien ni personne ne pouvait me rassurer, même pas Raphaël, qui s'est pourtant empressé de m'épouser. J'ai attendu ce bébé tourmentée par ma propre enfance, et terrifiée à l'idée de nous entraîner, lui et moi, dans un chaos que je serais incapable de maîtriser...

Toutes mes craintes se sont envolées le 6 mars 1992, lorsque Clémentine est née. Quand on l'a posée contre moi, j'ai su que j'étais absolument, définitivement, éperdument capable de l'aimer, et que jamais rien ni personne ne m'en empêcherait. Je ne m'en suis pas privée.

J'AI PASSÉ NEUF MOIS à allaiter ma merveilleuse petite fille, et à apprivoiser avec inquiétude et béatitude l'immense flot d'amour dans lequel elle m'a plongée. Toutes les mamans doivent passer par là, j'imagine. Mais toutes les mamans n'ont pas eu pour maman une drôle de Jeanne – à qui je n'osais pas présenter mon bébé – qui rend l'amour parfois très inquiétant. J'avais si peur de l'aimer mal. De l'étouffer, de l'écraser, de l'empêcher... J'avais si peur de ne pas savoir. J'ai su, bien sûr. Et son papa aussi. Nous sommes devenus parents sans même nous en rendre compte, des parents comblés, émerveillés d'avoir donné naissance à un si beau miracle.

Des parents très jeunes, aussi, et encore étudiants ! Une fois passé le grand chambardement de la grossesse et de l'arrivée de Clémentine, ma vie s'est réorganisée autour de ce nouveau statut, dont je n'envisageais pas un seul instant qu'il puisse m'empêcher de poursuivre mon imperturbable objectif : je serai égyptologue. Mais pour y parvenir, j'avais grand besoin de gagner ma vie. J'ai donc repris mes cycles de conférence, en français et en anglais, et j'ai découvert avec plaisir que j'aimais communiquer, y compris devant un public fourni, et que j'y parvenais assez bien. Je commençais même à me demander si ça ne serait pas une bonne idée que j'essaie de postuler pour travailler dans une radio.

C'est ce que j'étais en train d'expliquer avec enthousiasme à une copine, en dégustant un croque-monsieur dans un restaurant proche du Louvre, quand un énergumène s'est avancé vers nous et m'a dit, avec un pur accent américain : « *You are the one I want.* » Ma copine et moi, on s'est regardées en se demandant ce que c'était que ce mauvais plan drague. L'énergumène s'est présenté : Antony Guccione, New-Yorkais, qui vient de lancer une toute nouvelle chaîne de télévision là-bas. Mais bien sûr ! Il dit qu'il m'observe depuis tout à l'heure et qu'il en est certain, je suis la *one* qu'il *want* pour animer sa nouvelle chaîne câblée, la Fashion and Design TV. Et pour que je comprenne bien qu'il ne plaisante pas, il appelle son assistante qui m'explique qu'ils sont à Paris à l'occasion du tournage d'un film de Robert Altman, *Prêt-à-porter*, qui met en scène le milieu de la mode. Antony a saisi l'occasion pour accompagner le lancement de sa chaîne. Il a même négocié pour que Kim Basinger, une des actrices principales du film, incarne une journaliste de Fashion and Design TV ! Elle est en ce moment même en plein tournage dans les sous-sols du Louvre... Je n'en crois pas mes oreilles. Antony confirme et formalise sa proposition : est-ce que je suis déjà allée à New York ? Est-ce que j'ai déjà fait de la télé ? De la radio ? Est-ce que j'accepterais de venir passer dix jours tous frais payés pour faire des essais ?

Je suis rentrée à la maison le cœur battant, le cerveau en ébullition. Je pouvais laisser Clémentine dix jours à son papa sans aucun problème, ils s'entendaient à merveille et il était un père formidable. Je pouvais aussi décaler mes conférences sans que ça fasse un drame. Je pouvais, je pouvais... Je pouvais m'envoler pour New York, demain même, si nécessaire, faire ces essais et voir où ça me mènerait !

Raphaël n'a pas bondi de joie, mais il a bien compris que rien ne m'empêcherait d'accepter ce cadeau du ciel. Quelques jours plus tard, j'ai bouclé mon sac, fait un énorme câlin à ma petite fille adorée en lui expliquant que j'allais faire un beau voyage et que je reviendrais très vite, et puis je suis partie. À l'assaut de ma nouvelle vie.

Je suis arrivée là-bas comme on atterrit dans un film. J'ai tout reconnu ! Les gratte-ciel, les taxis jaunes, les hurlements des sirènes et la vapeur qui s'échappe des bouches d'égout, les feux rouges suspendus au-dessus des carrefours et les petites voitures des marchands de hot dogs. C'était exactement comme dans les feuilletons et les téléfilms qui ont bercé mon enfance. Je suis tombée amoureuse de New York avec la même fougue que j'ai adoré Paris. Et j'ai passé dix jours inimaginables.

Mon hôte m'a installée dans la *guest house* de son *loft*, en plein SoHo, le quartier branché de Manhattan. Plus il me faisait parler, et plus il était sûr de ne pas s'être trompé : j'étais exactement celle qu'il cherchait ! Une petite *Frenchy* curieuse et cultivée, qui se débrouille bien en anglais, dont il veut faire le reporter culturel de la chaîne. Une sorte de *french touch* pour son nouveau concept, composé pour deux tiers de mode et pour un tiers de culture. «*You see what I mean, Honey ?*» Je suis époustouflée. Amusée, emballée, ravie, séduite par ce projet tourbillonnant dont l'énergie me happe immédiatement. Tout a l'air simple, joyeux, vivant. On me confie à une équipe de techniciens sympas et encourageants qui m'initient en quelques heures au b.a.ba du métier. On me coiffe un peu, on me maquille, on m'habille, et on m'envoie rôder dans les vernissages des expositions, les ateliers d'artistes, les concerts confidentiels, les défilés de mode *underground*, sous l'œil d'une caméra qui ne m'effraie pas un instant... Je suis invitée partout, je découvre avec émerveillement les nuits new-yorkaises, les soirées privées dans des lofts luxueux. Je me souviens d'avoir grelotté de froid, juchée sur des talons vertigineux en sortant d'un *penthouse* totalement surréaliste où une fête hallucinante et hallucinée battait son plein, au milieu des entrepôts glauques du quartier de Meatpack. Juste au moment où je commençais vraiment à me demander comment quitter cet endroit inquiétant, un taxi jaune a surgi de nulle part, comme toujours à New York...

Je suis une très jeune débutante enthousiaste et candide, que rien n'impressionne vraiment : je fonce, avec l'énergie de mes vingt-trois ans. J'ai l'impression d'être dans mon élément, et que, si on travaille beaucoup, tout est facile ici. Plus j'aime, et plus ils aiment ! En quelques jours, j'intègre le circuit : les portes s'ouvrent, les sourires éclatent et les langues se délient. C'est la magie du Nouveau Monde, le contraire absolu de notre vieille Europe où tout est lent et compliqué. Je me retrouve à des siècles-lumière de l'Égypte antique et, à mon plus grand étonnement, je m'y sens comme chez moi.

Je ne sais pas si je serai un jour égyptologue, mais une chose est sûre : j'accepte et j'adore ce *job* !

Un jour, à cette époque, Gaston était à Paris, chez Jacqueline Bonheur. Il avait terminé ses études mais raté son diplôme. Il avait décidé de ne pas retourner au Cameroun et de vivre ici, dans le pays où des gens l'ont aimé. Il cherchait du travail ; il cherchait comment organiser sa nouvelle vie d'adulte indépendant.

Il sortait d'un stage destiné aux personnes handicapées à la recherche d'un emploi, basé sur des exercices de mise en situation pour les préparer aux entretiens d'embauche.

Quel mot de trop a prononcé le formateur ? Dans quelle « situation » ingérable a-t-il été « mis » ? Le regard de quel passant s'est enfoncé, une fois encore, dans l'âme dévastée de notre frère si valeureux ? Il a quitté le stage précipitamment, et disparu deux jours durant. Et puis, la veille de ses vingt-deux ans, Gaston s'est jeté sous un train.

LA PETITE FILLE À LA BALANÇOIRE

Parfois, même l'amour le plus beau et le plus fou ne suffit pas à protéger des brutalités du monde.

MA NOUVELLE VIE S'EST ORGANISÉE. Une drôle d'existence, à cheval entre deux mondes, dans un mouvement de balancier qui m'était somme toute assez familier. Osciller entre deux vies, j'ai l'habitude. Sauf que, cette fois-ci, au lieu de prendre le bus pour aller d'une maison à l'autre, je prends l'avion. Après New York, c'est tout le territoire américain qui m'ouvre les bras. Tout m'intéresse et me fascine dans cet univers si nouveau et si différent du nôtre : les paysages grandioses et le monde du travail où tout semble possible et simple ; les entrepreneurs qui n'ont peur de rien et la puissance éclatante du rêve américain à quoi rien ne résiste. Très vite, je comprends qu'Antony dissimule de grosses difficultés financières, et que si je veux continuer mon aventure, je dois trouver d'autres projets. Je les trouve ! Alors qu'en France on est encore à l'ère du Minitel, Internet explose aux États-Unis, offrant des possibilités passionnantes et illimitées. Je rencontre des créateurs que ce nouveau média met en ébullition, et même les équipes de Steven Spielberg, qui travaillent sur des productions pour Internet. New York, Los Angeles, Seattle, San Francisco, je ne sais plus où j'habite ! Sauf quand je rentre à la maison, *ma* maison, où je retrouve ma Clémentine qui grandit et que je dévore de câlins et de baisers, sous le regard de plus en plus agacé de son papa, qui a refusé de me suivre là-bas. Dès que je peux, j'emmène ma fille avec moi pour qu'elle découvre, elle aussi, le pays où tout est possible. C'est une enfant vive et curieuse de tout, à la fois raisonnable et pleine de fantaisie. Irrésistible. Nous passons ensemble des moments formidables et inoubliables. Bonheur absolu.

Mon amour pour New York se confirme : je me sens viscéralement attachée à cette ville, rythmée par les marées, dont chaque saison prend possession avec puissance et où le monde entier s'est donné rendez-vous pour refaire le monde. Je vis à cent à l'heure, en décalage horaire, en apesanteur. Pendant deux ans, je ne touche pas terre. La seule personne que je ne perds jamais de vue, c'est mon amour de Clémentine, qui pousse en pensant que toutes les mamans prennent des avions et parlent dans le poste de télévision ou à la radio. Elle est belle comme un cœur, drôle et joyeuse. Heureuse. Même à l'autre bout du monde, toutes mes antennes de mère louve sont en éveil. Si j'avais senti, un instant, que la vie étrange que je lui faisais mener ne lui convenait pas, j'aurais tout arrêté. Mais Clémentine va bien. Son père est parfait avec elle et nous l'adorons, tous les deux.

Entre lui et moi, c'est plus compliqué : sa patience commence à donner des signes d'usure. Je le comprends, et j'en suis désolée, mais je sens bien que j'ai changé, et que ma vie m'appelle ailleurs, loin du rêve de petite famille tranquille qu'il avait fait pour nous...

Je vais de moins en moins souvent dans le Nord. L'état de Maman Jeanne continue à osciller entre mauvais et très mauvais. Elle est soignée, mais mal, comme d'habitude. Je souffre de la voir si dégradée, et de replonger dans cette vie grise et enfumée. Quand je me souviens de la jeune femme vive et joyeuse qu'elle était, je suis anéantie. Je ne veux pas. Je ne veux pas me laisser rattraper par mon enfance. C'est mon avenir qui m'intéresse. Je l'appelle, souvent. Je lui envoie des cartes postales de New York ou de Los Angeles. Je ne l'oublie jamais, même quand, parfois, j'aimerais.

Dans la grande maison, tout change et rien ne change. Le jardin et les communs sont peuplés d'enfants et d'adultes de passage que je ne connais pas, qui sont venus chercher de l'aide et du réconfort pour quelques heures ou quelques semaines. Pierre-Vincent devient un jeune homme, qui circule dans un très efficace et imposant fauteuil électrique. Papa lui a aménagé une chambre-studio dans laquelle il peut se débrouiller tout seul. Il semble indestructible, malgré une santé plutôt fragile et deux grosses alertes dont il a réchappé on ne sait pas comment. Il fait preuve d'une vitalité impressionnante, et parfois désarmante. Un jour que Maman l'emmène d'urgence chez le médecin pour une otite carabinée et douloureuse, à la question « Et à part ça, ça va ? Tu as mal ailleurs ? », il répond : « À part ça, j'aime la vie ! »

Les petits ont grandi, et mes sœurs se marient, et font à leur tour des petits. Chaque fois que j'y vais, j'ai l'impression que le cœur de Maman est de plus en plus grand, et sa joie lumineuse. Papa, lui, s'est un peu refermé. La maladie d'Aymeric et la mort de Gaston l'ont beaucoup affecté. Dans ses yeux, je vois bien qu'il est triste. Ou en colère, peut-être.

Je ne m'appesantis pas. À peine arrivée, déjà repartie, comme si tous ces témoins de mon passé ne pouvaient pas cohabiter avec ma folle liberté ; comme si j'avais peur que quelqu'un ou quelque chose m'arrête dans ma course. Je ne veux pas. Je n'ai pas de temps pour ça.

TOUT VA BIEN. Tout va bien. Je n'ai rien vu venir. Ou plutôt, je n'ai pas voulu voir. Absorbée par mon travail, happée par cette belle agitation et toutes ces lumières, j'ai glissé lentement. Glissé, glissé, vers le néant. Tout va bien, mais je passe des jours et des nuits à me bagarrer avec toutes les questions que j'avais soigneusement évité de me poser jusqu'à présent, protégée par l'amour de Papa et Maman et occupée à me construire une jolie vie.

Qui suis-je finalement? La fille de Jeanne? La fille de Michel et Marité? La fille de qui? Je n'en parle à personne, et surtout pas à eux, pour ne pas les blesser. Qui pourrait comprendre? Sans vouloir m'en rendre compte, je perds pied peu à peu.

Toute mon enfance me revient, et la peur me saute à la gorge. La peur, la mort, le désespoir qui envahissent tout. La terreur de devenir comme

Jeanne, d'être engloutie dans cette horreur-là et d'y entraîner ma Clémentine. Je suis assaillie, submergée, emprisonnée dans tous les effrois, les colères et les douleurs de ces années où j'ai été si forte, si petite et si grande.

J'ai fini par arrêter de retourner à Roubaix pour les voir, tous. Je ne pouvais plus lutter contre la folie de Jeanne ; pas plus que je n'aurais su cacher à mes parents mon tsunami intérieur. Je ne voulais pas nous exposer à ça, ni eux ni moi. Peu à peu, une unique solution s'est imposée à mes yeux : j'ai décidé de couper les liens, tous. Pour ne pas mourir.

J'ai travaillé, travaillé. C'était tout ce qui me restait. Même les liens qui m'unissaient à Raphaël ont fini par se diluer dans ma dépression. Nous avons divorcé, sept ans après notre mariage. Clémentine avait six ans et il n'était pas question que je dépende de son père, ou qu'elle manque de quoi que ce soit. J'ai décidé de réintégrer Paris et de m'organiser. Je savais que les médias français m'avaient repérée, et j'avais l'impression que j'étais en train de devenir à leurs yeux la jeune animatrice branchée dont ils avaient besoin, capable d'attraper au vol l'interview d'une star naissante, et de raconter avec enthousiasme les débuts d'Internet et les dernières lubies des États-Unis. Je comptais là-dessus pour construire ma carrière en France. Après avoir assuré quelques chroniques télé sur France 2 avec Christophe Dechavanne, j'ai réussi à rejoindre le groupe NRJ en convainquant Cauet, alors directeur des programmes de Rire & Chansons, de m'ouvrir ses micros pour la toute première chronique parlant d'Internet à la radio.

Tout cela n'a pas suffi à nous nourrir, ma fille et moi. Il fallait que je trouve rapidement une solution. Moi qui croyais qu'après mon expérience américaine j'allais percer facilement dans mon pays, je suis tombée de haut ! J'ai découvert qu'ici, il faut bien plus de temps que là-bas pour se faire une place... Heureusement, j'ai eu la chance de rencontrer un homme providentiel, Robin Leproux, patron de M6 Interaction. Il m'a confirmé ce que j'étais en train de découvrir à mes dépens : tout est verrouillé dans le monde des médias français. Je crois qu'il a été touché par la précarité de ma situation. Il m'a proposé l'unique solution dont il disposait pour m'aider : si j'avais envie, il pouvait me recommander au Club Téléachat, propriété du groupe. Ce n'était pas du tout ce dont je rêvais, mais c'était la garantie d'un bon salaire, régulier, qui me permettrait d'assurer une vie confortable pour Clémentine et moi. J'ai accepté. J'ai fait la connaissance de Pierre Bellemare, de son fils Pierre Dhostel, et de toute une équipe d'animateurs brillants et sympathiques.

Travailler, travailler, en tâchant de ne pas trop gamberger. Bienvenue à l'école de l'humilité ! Sur ces plateaux-là, la star c'est le produit. Et quels produits ! Gaines amincissantes, robots mixe-tout, balais ultra-vapeur et autres shampouineuses, quatre pour le prix de trois, ça me changeait des créateurs *underground*... Me revoilà bonimenteuse, comme à mes premières heures d'étudiante, quand je fourguais des abonnements par téléphone. Sauf que tout est plus technique, précis, maîtrisé. Le Club Téléachat est une mécanique admirablement huilée par Pierre Bellemare, un des meilleurs animateurs du paysage audiovisuel français et un des personnages les plus populaires et les plus aimés des Français. Mes collègues sont adorables, Clémentine et moi sommes à l'abri du besoin, elle va bien, mais j'ai du mal à aimer cette vie-là. Robin Leproux m'encourage à m'accrocher, coûte que coûte. Il est sûr, certain, qu'à un moment, bientôt, le téléachat m'ouvrira les portes de M6.

En attendant l'explosion de ma vie professionnelle, c'est dans ma vie privée que des changements se profilent. J'ai rencontré Jean-Paul, un photographe architecte brillant et branché, de vingt ans mon aîné, aussi fasciné par ma jeunesse et les *sunlights* qui m'entouraient que je l'étais par son talent et sa solidité d'homme accompli. Je me suis engagée dans cette histoire d'amour à corps perdu, comme une naufragée. Parfois, je me souvenais des mots de Maman Jeanne quand elle racontait sa passion pour Jacques, et je refermais vite ma mémoire, de peur que cet amour à la folie gagne aussi mon esprit. Cette inquiétude-là ne s'éteignait jamais. Elle veillait, comme une braise qui ne demandait qu'à s'enflammer.

Jean-Paul habitait une très belle et grande maison à Montmartre. Je m'y suis installée et nous avons aménagé une jolie chambre pour Clémentine qui, après les tiraillements d'usage, a fini par adopter ce nouveau beau-père ; chez son père, il y avait déjà une nouvelle belle-mère, et bientôt un demi-frère, puis une demi-sœur.

Me voilà donc en train de construire une autre famille, dans une autre grande maison. En m'efforçant de ne pas me souvenir. Ne plus penser à eux, parce que c'est trop dangereux.

Il m'arrivait encore de temps en temps, pour mon plus grand bonheur, de faire des sauts à New York, histoire de changer d'air. J'essayais de ne pas perdre une occasion d'aller rôder là où «ça se passe» en espérant, de plus en plus, qu'un jour «quelque chose» se passerait pour moi aussi, et me permettrait de faire reprendre à ma carrière l'élan qui la portait lorsque je vivais là-bas. Je rentrais d'un de ces voyages éclairs lorsqu'un après-midi un ami m'appelle pour m'inviter à une conférence de presse. J'avais la flemme. Il a insisté : peu importait la conférence, c'était juste pour le plaisir de boire une coupe de champagne ensemble au musée Jacquemart-André. C'est un de mes musées préférés, et j'aime bien cet ami ; j'ai fini par accepter. Une coupe à la main, un peu groggy du voyage et du décalage horaire, je naviguais de tableau en tableau quand un grand échalas hirsute, les cheveux en patate, la chemise qui dépasse, engage une très chic conversation, *in english*, autour de l'art et de la peinture. Il me demande d'où je viens ; je raconte New York, la radio, la télé, Internet. Au moment de prendre congé, il m'encourage d'un grand sourire : «*Come to see me in London*», et il me tend sa carte. Quand il a le dos tourné, je découvre avec stupeur que je viens de faire la connaissance de Brent Hansen, le pdg de MTV Europe ! L'histoire se répète, on dirait, et la chance ne se lasse pas de me poursuivre.

Je l'ai appelé, évidemment. Comment résister à la perspective de collaborer avec la plus créative et la plus avant-gardiste télévision du moment ? Je suis partie à Londres faire des essais pour devenir la première animatrice *frenchy* de MTV. Essais transformés ! Je suis engagée si j'accepte de venir vivre en Angleterre. Mon cœur a explosé de joie ! Mon premier coup de fil est pour Robin Leproux, mon cher bienfaiteur. Il est vraiment heureux pour moi, et absolument navré qu'ici en France, personne, à part lui, n'ait véritablement voulu me donner ma chance.

Il faut, ensuite, annoncer à ma jolie Clémentine – et à son papa – que nous partons toutes les deux vivre à Londres. Du haut de ses presque huit ans, la réponse de ma princesse est sans appel : c'est non. Dans sa tête de petite fille, Londres, c'est le bout du monde. Elle n'a pas du tout envie de vivre au bout du monde. Je décide que ce n'est pas elle qui décide, mais Raphaël plaide sa cause avec sincérité : « Laisse-la vivre avec moi. Donne-moi cette opportunité d'être vraiment son père. » Je suis touchée, profondément. Au nom de quoi les priverais-je de ce bonheur-là ? Nous décidons donc tous les trois que Clémentine reste à Paris, avec son papa. Et que je traverserai la Manche tous les week-ends pour la retrouver. Jean-Paul, lui, sautera dans l'Eurostar pour venir me rejoindre chaque fois que l'occasion se présentera.

Me voilà repartie dans une nouvelle nouvelle vie. Pour la première fois de ma courte existence, je signe un contrat de travail, un vrai, assorti d'un salaire, un vrai ! Je trouve un très joli appartement en collocation avec Boris, un barman lui aussi *frenchy* immigré, et je prends mes quartiers à Camden Town, un des endroits les plus vivants de Londres. C'est là, au milieu de punks aux allures incroyables et de créatures étranges aux looks complètement dingues que sont installés les locaux de MTV. Les stars du monde entier s'y pressent. Je suis la seule Française de l'équipe ; on me met en avant. Je me retrouve en charge de deux, trois, parfois quatre émissions par jour, sans compter les événements exceptionnels. En 2000, je suis à Stockholm pour présenter les MTV Europ Music Awards, entièrement vêtue de cuir rouge, avec Madonna en invitée d'honneur, qui se pomponne dans la loge d'à côté ! Je côtoie les *beautiful people* dans les *beautiful places* du monde entier, grisée par une sorte d'exaltation permanente, et au prix d'un travail titanesque. Peu importe : je travaille, je travaille, je travaille. J'adore rencontrer tous ces gens talentueux, j'adore ce que je fais, j'adore les caméras. J'adore ma vie.

Le week-end, quand je rentre à Paris, Jean-Paul et Clémentine me font la fête. Elle est magnifique et heureuse, c'est la première chose qui m'importe. Pour le reste, j'essaie de ne pas trop penser. Je m'émerveille de ma fille qui grandit, je me love à l'abri de l'homme que j'aime et je m'épanouis en explorant un métier passionnant et plein de promesses, au contact d'artistes que le monde entier rêve d'approcher. Je ne laisserai rien, et surtout pas le chagrin sourd qui me ronge, dévier ma prometteuse trajectoire.

Tout va bien. J'en ai vu d'autres. J'affronte mon tsunami intérieur comme j'ai affronté toutes les autres épreuves : la peur, le mensonge, la colère, l'injustice, la trahison, l'abandon, la solitude. La solitude. Tout va bien, c'est comme d'habitude : je traverse, ça secoue un peu ou beaucoup, et puis je retombe sur mes pattes, toujours... Tout va bien, sauf quand les horreurs de ces dernières années m'assaillent et explosent dans ma tête. Dans ces moments-là, je suis perdue. Atrocement perdue. Parfois, rien ne me raccroche plus à la vie. Même pas Clémentine.

Un jour, plus rien n'a été possible, sauf partir pour que la douleur s'arrête.

J'AI RATÉ MON DÉPART, grâce au ciel. Et aussi grâce à Jean-Paul, qui est arrivé juste à temps pour appeler les pompiers. J'ai raté mon départ, mais je ne suis pas revenue à la vie pour autant. Il m'a fallu des jours, des semaines... Je m'y suis accrochée, avec rage et désespoir d'abord, et puis avec fougue et ardeur. Pour la première fois de mon existence, dans une sorte de réflexe vital, je me suis centrée sur moi-même. *Mon* histoire. *Mes* émotions. *Mes* besoins. *Mes* envies. Moi, moi, moi ! J'ai enfin affronté la vérité de toutes ces années pendant lesquelles ne pas la voir dans sa crudité m'avait aidée à la supporter.

J'ai rencontré un spécialiste du syndrome de stress post traumatique : un psy, habitué à prendre en charge les soldats rescapés de la guerre. Il m'a écoutée, et puis il m'a montré, tranquillement, méthodiquement, tout ce à quoi j'avais échappé depuis mon enfance.

Comment je m'étais construite en protection de tous ces dangers et de tous ces traumatismes. Et quels impacts, concrets, ils ont laissé dans mon cerveau. Ce n'est pas une idée en l'air, ou un concept abstrait : il m'a fait faire un scanner et m'a fait voir, très précisément, où mon cerveau est atteint et comment certaines de ses zones restent mal oxygénées. Petit à petit, j'ai compris : j'avais fait la guerre. J'étais une survivante, que ses blessures et ses stigmates faisaient souffrir, parfois jusqu'à l'insupportable.

Je crois que c'est à ce moment-là que j'ai reçu une lettre d'Emmanuelle, ma petite sœur perdue. Elle avait attendu d'être majeure pour remuer ciel et terre et me retrouver. On s'est revues, le cœur battant. Mais nous étions devenues des étrangères. Nous n'avons pas parlé de Maman Jeanne ; je n'ai pas osé, elle n'a pas demandé. Je ne sais pas ce qu'elle sait. J'ai compris, sans qu'elle le dise vraiment, qu'elle a eu une drôle d'enfance pas drôle du tout, enfermée dans une pension la plupart du temps, coincée entre un père déglingué et des grands-parents secs et durs. Mais comment rattraper ce dont ils nous ont privées ? Comment réparer l'irréparable ? Nous nous sommes vues deux ou trois fois, sans avoir su renouer le fil. Il reste seulement l'amour, et plus rien autour…

MTV me confie *French Link*, une émission qui parle des artistes français qu'on aime partout ailleurs dans le monde ; je prends. Et je reçois avec bonheur toute la crème de la musique française qui s'exporte ! À moi les stars de la *french touch*, MC Solaar, Vanessa Paradis, et les Daft Punk, Cassius, Étienne de Crécy, Modjo, Sébastien Tellier, Laurent Garnier... À moi les *french rockers* qui cartonnent partout sauf en France, comme le groupe Phoenix. Je deviens l'intervieweuse musicale des émissions à succès. C'est ce que j'aime le plus : la rencontre, la découverte de l'être humain caché derrière la star.

Commence alors une drôle de période de ma vie. Une sorte d'adolescence, comme si je rattrapais mes trente premières années d'enfant trop sage et trop sérieuse. Je navigue dans un monde de paillettes et de strass, sous des projecteurs qui me rendent belle. Les meilleurs coiffeurs me coiffent, les maquilleurs les plus experts me maquillent. Les marques de vêtements de luxe trouvent normal, et presque gratifiant, de m'habiller de pied en cap. Une attachée de presse se charge de mon « image », qui fleurit sur les couvertures des magazines. Un jour, elle me propose même, triomphale, de poser pour la couverture de *Playboy* ! C'est la gloire !

Et pourquoi pas ? Tout ce qui était bon pour moi – en tout cas pour ce « moi »-là – je l'ai pris. J'ai fait la fête jusqu'à plus soif, en suivant Jean-Paul, usager du show business bien plus aguerri que moi, dans tous les chemins de traverse où il m'invitait à le suivre ; je l'y ai même précédé, parfois. J'ai goûté toutes les substances qui aident les *beautiful people* à trouver la vie *beautiful* : LSD, ecstasy, champignons hallucinogènes... Je me souviens d'un déjeuner de travail avec un producteur de musique jamaïcain qui est venu me chercher chez MTV dans une invraisemblable voiture décapotable. Il m'a proposé de tirer une ou deux bouffées de l'énorme chose qu'il était en train de fumer. Je n'ai jamais su ce qu'il avait mis dedans mais, une fois rentrée au bureau, j'ai été obligée d'appeler mon ami Boris pour qu'il vienne me récupérer et me ramener à la maison... J'ai passé le reste de la journée à lutter contre la parano : ce jour-là, j'ai appris que, même adulte, on ne doit pas accepter les friandises proposées par des inconnus...

Je me souviens surtout de nuits londoniennes magiques, infernales, sauvages, déchaînées. De rendez-vous secrets où nous arrivions dans un état second, pour monter dans un camion qui nous transportait dans une obscure banlieue pourrie, et nous déposait devant une usine désaffectée où la musique hurlait au milieu d'une foule complètement défoncée. Je ne voyais pas le danger. Je me jetais dans ces arènes joyeuses remplies de fauves pour m'y défouler jusqu'à épuisement. Je laissais exploser ma si belle liberté, je m'éclatais sans penser à rien, je partais en vrille et ça me faisait un bien fou. J'aurais pu m'y perdre, comme beaucoup d'autres. Mais pour moi, ces fêtes étaient une fête, pas une fuite : j'y participais avec joie et énergie, sans jamais m'y engloutir. Quelque chose de très puissant m'a toujours protégée. Toute idée de dépendance ou d'addiction à une quelconque substance me terrifiait ; merci Maman Jeanne. Et je n'ai jamais franchi la limite de ce qui aurait pu être dégradant, pour moi ou pour mes compagnons de fête ; merci Papa et Maman.

Même si ce que je fais à Londres est passionnant, je ne peux m'empêcher de penser avec une pointe d'amertume que mon pays n'a pas voulu de moi, sauf pour vendre des abonnements et des robots-mixeurs, et qu'il ne m'a jamais vraiment donné ma chance. Jusqu'à ce que la papesse du PAF vienne à moi ! En voyage à Londres, Dominique Cantien entend parler de la petite *Frenchy*. Elle m'invite à déjeuner et, quelques jours plus tard, me propose de présenter une très grosse émission de première partie de soirée sur France 2 : un hommage à Claude François, que j'animerai en duo avec Claude François junior. MTV accepte de me « prêter » à France Télévisions, à condition que ça ne trouble pas mon travail habituel. C'est exactement ce qu'il me faut : me saouler de boulot, me shooter aux défis, m'engouffrer dans la vie à en perdre le souffle. La préparation de ce *prime time* est un moment de folie pure, à cheval entre Londres et Paris, et l'adrénaline qui monte, qui monte, qui monte. Quand je m'avance enfin vers le public dans ma robe scintillante, au bras de mon coanimateur, je suis aux anges. Ailleurs. Loin, loin, loin de Roubaix.

Bingo ! L'émission est un énorme succès. Un peu grâce à moi peut-être, mais surtout beaucoup grâce à Claude François, qui reste l'enfant chéri de bien des Français, même vingt ans après sa disparition. Ce soir-là, nous explosons les chiffres d'audience de TF1, que nous battons haut la main ! Un peu de la lumière de cet exploit rejaillit sur moi : je suis identifiée comme une des nouvelles figures possibles de la télévision française. Deux mois plus tard, on me confie un nouveau *prime time* spécial années 1970, qui me donne l'occasion de rencontrer Simone Veil pour ma première interview politique, mais aussi les mythiques Bee Gees, que j'ai la joie d'interviewer à Londres, lors du tournage de leur clip. Nouveau succès d'audience ! Me voilà promue « animatrice en vue ». Je savoure, avec délectation, sous le regard fier de Jean-Paul. Tout va tellement bien que je ne peux pas m'empêcher, en voyant approcher la date de la grande cérémonie des Victoires de la musique, d'espérer qu'on me demande de venir y remettre un prix : ce serait pour moi une sorte de consécration, une espèce de revanche sur ce PAF si peu accueillant...

Huit jours à peine avant la date fatidique, coup de théâtre : Yves Bigot, le directeur des divertissements de France 2, m'appelle. Là, j'ai bien failli tomber de la chaise sur laquelle j'étais en train de me balancer, stylo à la bouche, écouteur coincé dans l'oreille. Il me propose non seulement de participer à la cérémonie des Victoires, mais carrément de la présenter, en direct de l'Olympia ! Ce que j'ai fait, le 17 février 2001, en duo avec Jean-Luc Delarue, que j'ai découvert déjà prisonnier des terribles démons qui le feront basculer quelques années plus tard. Curieusement, le souvenir le plus fort de ces Victoires, c'est la mienne, le jour du coup de fil d'Yves Bigot qui me disait, en quelque sorte, « chez nous, c'est chez toi ». Enfin !

Quelques jours plus tard, dans mon courrier, j'ai trouvé un petit mot posté de Roubaix qui disait : « Tu fais ça merveilleusement bien. Bravo ! Maman. » Je ne voulais pas penser qu'elle m'avait vue à la télé. Je ne voulais pas penser à elle, à eux. Je l'ai tout de suite oublié.

Convaincue par cet adoubement « victorieux », Dominique Cantien m'embarque dans une nouvelle émission : sur le plateau de *Plein Soleil*, je passe mon été à recevoir Gad Elmaleh, Jean-Marie Bigard, Marie Laforêt, David Guetta, Jean-Marie Périer, et son papa caché Henri Salvador, Arielle Dombasle et tant d'autres. Je m'amuse, eux aussi, et les téléspectateurs apprécient. Tant mieux ! Les propositions commencent à arriver, et je décide de me réinstaller en France, où MTV vient d'ouvrir une antenne, pour me laisser porter par cette vague prometteuse qui m'aide à refaire surface et, peut-être, à m'aimer enfin.

Je suis heureuse de retrouver Paris et de récupérer ma Clémentine, qui vient vivre avec nous. Bonheur de pouvoir profiter d'elle au quotidien, même dans les petites choses insignifiantes. Bonheur de la voir grandir... Mais le projet français de MTV m'enferme dans un univers qui ne me convient pas. En quelques semaines, je m'y ennuie. Je décide de continuer mon chemin sans eux. La chaîne musicale française MCM m'invite à les rejoindre. J'accepte. Je travaille avec Olivier Richard, son responsable, sur un nouveau concept : *One2One*, une émission construite autour d'une longue interview, réalisée par le cinéaste Olivier Megaton. Pour la première, je rencontre Ben Harper à Los Angeles, pendant plus de quatre heures. Et pour la seconde, les quatre membres du groupe rock Red Hot Chili Peppers se prêtent patiemment à l'exercice. Je passe avec eux des moments inoubliables. Et puis j'enchaîne les grands événements, les remises de prix prestigieux comme les Sport Star Awards à Lausanne pour

Eurosport, au moment des jeux Olympiques d'hiver ; les Glo-Caf Awards qui récompensent les meilleurs footballeurs africains...

Nous évoluons, Jean-Paul et moi, dans ce monde tapageur du show-biz et des médias ; un monde où chacun est à la fois heureux de ce qu'il est et inquiet de ce qu'il pourrait ne plus être ; où on parle des autres en pensant beaucoup à soi ; où on sait que la moindre faute, le moindre faux pas peut provoquer une terrible dégringolade. En devenant un personnage public, j'apprends à maîtriser mon image ; là aussi, j'ai une certaine habitude... Je parle rarement de ma fille, et jamais de mon enfance, de mes frères et sœurs et de mes parents ; tous mes parents. J'annonce un père haïtien, pour expliquer mes cheveux crépus – toujours soigneusement lissés – et mon teint caramel – jamais trop bronzé.

Je n'ai pas honte, je sais seulement, pour l'observer tous les jours, comment les médias, et plus spécialement la télévision, peuvent abîmer les plus belles histoires, simplifier les subtilités, livrer en pâture les intimités. Je ne veux pas. Je ne veux pas que Clémentine, Maman Jeanne et ma famille deviennent les sujets de la presse à potins, et la proie des chasseurs de scoops. Je tremble à l'idée de ce qu'on pourrait dénicher et raconter, sur eux et sur moi. Qui pourrait comprendre ?

POUR CHANGER UN PEU du monde anglo-saxon dans lequel nous gravitons à longueur d'année, en décembre 2003, Jean-Paul, Clémentine et moi décidons d'aller fêter Noël et le nouvel an en Chine. Quand nous arrivons, Pékin est sous la neige, et il fait moins vingt-cinq degrés. C'est féerique ! Nous passons nos vacances à découvrir ce monde complètement étranger comme des enfants émerveillés. Les rues de Pékin et les lacs gelés, la Grande Muraille et les pistes de bobsleigh, rien ne résiste à notre enthousiasme. Je découvre l'Asie avec passion, et elle me prend aux tripes. J'aime la culture et l'art chinois, mais aussi la simplicité des Chinois et leur merveilleuse langue qui semble si mystérieuse. Je rentre en France en ayant envie d'y retourner, et de travailler avec eux, pour découvrir en profondeur ce monde que je ne connais pas mais qui m'attire énormément.

Je vois donc arriver avec bonheur les années croisées 2004-2005 France-Chine, organisées par Jacques Chirac et Hu Jintao. En 2000, Jean-Paul a travaillé sur une série de photos de la tour Eiffel que mes yeux d'amoureuse trouvent extraordinaires. Je me dis que ces photos seraient de parfaites ambassadrices pour l'année de la France en Chine, en 2005. Je m'empare du projet avec toute la passion qui m'anime pour les œuvres et pour leur auteur. Pendant deux ans, je fais des allers-retours entre la France et la Chine, souvent accompagnée de ma Clémentine, dont les grands yeux bleus et surtout les cheveux blonds et frisés attirent la curiosité. J'aime de plus en plus ce peuple et durant les longues heures d'avion je me plonge dans l'apprentissage des bases de sa langue qui semble si compliquée. Je tiens à parler directement avec les gens, cultivés ou pas, riches ou pauvres. Et je veux faire de mon projet un événement populaire, qui ne sera pas réservé à l'élite. Je décide d'organiser une immense exposition en plein air à Shanghai, non pas par folie des grandeurs, mais pour être à la mesure de l'empire du Milieu, où tout est gigantesque !

Je veux que le résultat soit spectaculaire : une centaine d'immenses toiles translucides, de quatre ou cinq mètres de haut – la plus grande mesure quinze mètres de large ! –, feront découvrir notre majestueuse tour Eiffel à des milliers de passants. Les toiles seront translucides pour qu'à la nuit tombée les éclairages ajoutent encore à la magie. Au moment de découvrir l'aboutissement de deux ans de travail et de rêve, je suis ébahie, et les habitants de Shanghai aussi : cette expo dépasse mes plus beaux rêves. Elle est extraordinaire.

Il faut dire que rien ne résiste à mon énergie enfiévrée – c'est, pour moi, la meilleure parade à la dépression que je sens toujours tapie en moi, prête à reprendre le dessus. J'ai rallié à ma cause sponsors et institutions. Et c'est finalement le Premier ministre Jean-Pierre Raffarin, accompagné d'une bonne partie du gouvernement français, qui inaugure l'exposition sur l'esplanade de la célèbre tour Perle d'Orient de Shanghai. Après ces débuts triomphaux, les photos partiront en tournée au China Millennium Monument de Pékin, puis sur la Grande Muraille, avant de finir leur périple asiatique à Hong Kong. Je suis fière de mon travail, et de mon amoureux.

Pendant cette période exaltante, je n'ai pas du tout abandonné les plateaux et les caméras. Au contraire, même : voilà que la télévision française a besoin de moi ! J'ai pensé très fort à mon cher Robin Leproux, qui m'avait fait entrer au téléachat en espérant que ça m'ouvrirait les portes de M6, lorsqu'on me propose, sept ans plus tard – le temps de la réflexion, sans doute – de participer aux débuts de W9, la chaîne TNT du groupe. Me revoilà, donc, mais cette fois-ci sans avoir à vanter les mérites des gaines amincissantes : je commence au sommet, en animant la prestigieuse émission de lancement de W9, du haut de la tour Eiffel, en compagnie de Yannick Noah, la star la plus populaire de France ! Et puis j'enchaîne sur M6, où Pierre Robert, le directeur des programmes de l'époque, me demande de créer une nouvelle émission phare. Nous travaillons entre deux voyages en Chine, et par téléphone, depuis les rues de Shanghai. Nous finissons par inventer une très belle émission, *Concert Privé*, dans laquelle je reçois les plus grandes stars de la musique française et mondiale pour des shows intimistes où se mêlent musique et confidences.

Ma vie est presque belle. Après plus de quatre ans de coupure totale, je me suis résolue à retourner voir Maman Jeanne de temps en temps. Nous ne parlons jamais de la dépression qui m'a anéantie. Je sais que, dans le fond, elle n'est pas responsable de ses actes, de ses manipulations et des blessures qu'elle m'a infligées. Son état est stable ; elle qui n'avait peur de rien a maintenant peur de tout. Elle vit désormais dans un appartement thérapeutique, enfermée dans son malheur et dans ses délires. Elle est toujours très heureuse de me voir. Et trouve, à chaque fois, le petit mot terrible pour me faire mal. Ça pique encore, mais de moins en moins.

Quand je sors de chez elle pour rentrer à Paris, j'évite soigneusement de passer devant la grande maison. Ils me manquent, mais je ne peux pas y retourner. C'est trop douloureux et trop dangereux pour moi.

Un samedi matin de novembre 2006, je suis confortablement installée à la maison. J'ai bloqué tout mon week-end pour préparer comme il se doit le *Concert Privé* que nous enregistrons le lundi soir : je vais recevoir l'irrésistible Justin Timberlake, qui a eu la grâce de nous préférer au *Taratata* de Nagui ! Pas question d'être dérangée par quoi que ce soit. Sauf, bien entendu, par les bons copains. L'un d'entre eux m'appelle, affolé : c'est aujourd'hui la première Journée nationale de la diversité, pour laquelle il s'est beaucoup investi, bénévolement, depuis des mois. Elle doit se terminer le soir même par un concert à La Bellevilloise, un beau lieu alternatif parisien, et l'animateur du concert, un de mes confrères, vient de se désister pour cause d'enfant malade. Est-ce que j'accepterais de le remplacer ? Il n'en est pas question : moi, je dois préparer mon entrevue avec Justin Timberlake, alors un concert à La Bellevilloise… Il insiste. « C'est une journée importante pour nous. La diversité, c'est pas rien !

T'es une nana engagée, ça a du sens pour toi, de nous donner un coup de main. Non ? » Bien sûr que si. Il a raison. Je négocie des conditions draconiennes : d'accord, je viens, mais tout est super bien organisé, j'arrive une demi-heure avant le concert et, à minuit, je suis rentrée chez moi. « Merci, merci, merci ! Tu nous sauves la vie ! »

Le soir venu, je débarque dans les coulisses sans bien savoir ce que je vais y trouver. Mon copain me présente l'organisateur de la Journée : un jeune homme très étrange, qui semble planer complètement. Je me demande ce qu'il a bu, ou fumé. Mais il me plaît : il se dégage de lui une très grande douceur, une sorte de pureté que je ne croise jamais dans les endroits que je fréquente habituellement. Au milieu de l'agitation d'avant-concert, il m'explique qu'il y croit dur comme fer, à la diversité ; d'ailleurs, ça fait un an qu'il prépare cette journée. Mon copain m'explique en se moquant gentiment de lui : « C'est pour ça qu'il est dans cet état second, même parfaitement à jeun ! » Ça me touche. Finalement, je suis heureuse d'être là, parmi cette petite foule valeureuse qui croit qu'on peut agir pour rendre le monde meilleur. Comme si s'engager pour une cause qui leur semble juste, avec l'envie de changer le monde, leur donnait une beauté, une lumière que je n'avais pas vues depuis longtemps... Quand je les quitte, à la fin du concert, je repars avec une impression de fraîcheur, et d'inachevé.

Le lundi, l'enregistrement de *Concert Privé* se passe merveilleusement bien. Je rentre chez moi fatiguée. Je devrais être excitée, enthousiaste, comme à chaque fois que je viens de réussir un challenge. Mais c'est comme si la joie ne parvenait pas à faire surface. Au fond de moi, je sens bien que quelque chose ne tourne pas rond dans ma vie, mais je ne veux pas le voir, ni le savoir. Je suis une survivante, une rescapée de cette enfance dont je me suis remise en combattant pied à pied avec le chagrin qui aurait pu me tuer.
Plus rien ne me mettra à terre. Jamais.

ÉVIDEMMENT, ça ne marche pas comme ça. Il ne suffit pas de décider que tout va bien pour que tout aille bien. Ni de ne pas vouloir entendre une petite voix intérieure pour qu'elle se taise. Depuis un moment, je sentais que mon histoire avec Jean-Paul se distendait et se vidait de sa substance. J'avais ignoré les signes alarmants que je ne voulais pas voir et refusé d'interpréter des indices de plus en plus clairs. Mais, dans le fond, je savais bien que je me mentais. Et sûrement qu'il me mentait aussi. Mais jusqu'où, et à quel point ? Une nuit, j'ai pris mon courage à deux mains et nous avons tout mis à plat.

J'ai découvert, au fil des heures, ce que je refusais de voir depuis des mois, et même des années. Jean-Paul était exactement ce qu'il n'avait jamais caché être, mais que j'avais longtemps refusé de voir : un post-soixante-huitard coureur et libertaire, fêtard, et bien plus fidèle à sa liberté qu'aux femmes qu'il aimait. La vie que nous avons partagée quand nous nous sommes rencontrés était tout ce dont j'avais besoin, elle m'a permis de m'envoler, après des années à crouler sous les responsabilités. Avec lui j'ai pu être légère, frivole, sauvage, folle. Quelle délivrance ! Mais maintenant, tout cela s'était calmé. Après la tempête, j'avais envie de douceur, de lumière, de simplicité et de bonté… Plus la nuit avançait, et plus je réalisais que nous avions vécu une histoire magnifique et des aventures extraordinaires, mais que c'était terminé.

Au matin, tout était clair pour moi : j'avais besoin de vivre autre chose. Là où il était, je n'étais plus.

J'ai affronté. J'ai emballé quelques affaires dans quelques cartons, et je suis partie, sans me retourner. J'ai quitté la belle maison de Montmartre pour nous installer, ma fille et moi, dans un minuscule deux-pièces place du Tertre.

Le choc a quand même été rude, surtout pour Clémentine qui aimait beaucoup Jean-Paul et qui, du haut de ses treize ans et demi, a réagi avec virulence à notre changement de vie et de maison. Je comprenais. J'ai encaissé. Et, fidèle à mes habitudes, je me suis engloutie dans le travail pour traverser les turbulences de mon chagrin d'amour. Ça tombait bien : du travail, j'en avais à la pelle. Je me souviens de cet état étrange, presque second, dans lequel j'ai reçu à *Concert Privé* les trois bombes de Placebo que toute la télévision française nous enviait ! Ma drôle d'enfance m'avait appris à danser sur les fils sans perdre l'équilibre, entre rires et larmes, entre mauvaise fortune et coups de la chance. Je savais qu'à un moment ou à un autre, tout irait mieux. Peut-être.

Quelques semaines après ma séparation définitive d'avec Jean-Paul, j'ai reçu une proposition de Ralph, l'étrange organisateur de la Journée de la diversité, pour animer un débat qui inaugurait l'Année européenne de l'égalité des chances pour tous. Une journée à Strasbourg, avec une dizaine de parlementaires venus de toute l'Europe et ce jeune homme charmant, doux et généreux, qui continuait de m'intriguer : j'ai accepté immédiatement. C'était comme un rayon de soleil, une pause au milieu de mon chambardement : sept ans de vie commune ne se balaient pas en quelques jours... J'étais contente de le revoir. Je suis allée à Strasbourg pour reprendre une bouffée de cet air frais qui m'avait tant réconfortée à la soirée de la Bellevilloise. La mission s'est très bien passée, à un bémol près : empêché au dernier moment, Ralph n'était pas là. Dans le train du retour, je lui ai envoyé un texto pour lui proposer de débriefer. Nous avons décidé de déjeuner ensemble quelques jours plus tard.

C'est ce jour-là que nous sommes tombés amoureux, dans un très bon restaurant chinois que Ralph avait pris soin de choisir après avoir découvert, en se renseignant un peu, ma passion pour la Chine. J'ai retrouvé, en sa compagnie, la douceur et la bienveillance qui m'avaient fait tant d'impression la première fois que nous nous étions croisés. Il m'a avoué, très vite, qu'il espérait me revoir depuis ce jour-là, sans oser ni vouloir forcer le destin. C'était parfait pour moi ; exactement ce dont j'avais besoin, après toutes les tempêtes qui m'avaient secouée dans tous les sens : prendre le temps, en douceur.

Nous avons pris le temps, donc. Des semaines et des semaines, des mois, presque une année à faire connaissance avant de tomber dans les bras l'un de l'autre, un beau jour de fin d'été, en Corse. Ralph était le contraire presque absolu de ma vie d'alors : discret, inconnu, profond, fauché, engagé – réellement engagé – dans un projet sensé. À son contact, j'avais l'impression de sonner juste, enfin. Et que rien entre nous ne serait hostile. Jamais. Pour la première fois de ma vie, je découvrais l'amour profond, tranquille et fou, solide, respectueux. Je n'en revenais pas !

Nous étions en couple depuis quelques semaines seulement, j'étais passée voir Ralph à son bureau quand mon téléphone a sonné. Au bout du fil, j'ai à peine reconnu la voix de ma sœur Helen, que je n'avais pas entendue depuis près de dix ans. Elle sanglotait. Elle a juste pu me dire, entre deux hoquets, qu'Aymeric, le fils myopathe de notre grande sœur Marie-Laurence, venait de mourir.

J'ai raccroché, en larmes. À l'intérieur de moi, l'énorme forteresse construite depuis dix ans venait de s'effondrer. Ralph m'a prise dans ses bras. Je ne sais même pas ce que je lui avais déjà raconté de ma famille ; pas grand-chose, sans doute, puisque depuis des années je refusais d'en parler, y compris à moi-même. Je lui ai dit que je voulais aller à cet enterrement, et je lui ai demandé s'il voulait bien m'accompagner. Il a répondu bien sûr. Nous ne pouvions pas imaginer, ni l'un ni l'autre, que ça allait changer nos vies.

Je n'avais eu aucun contact avec eux depuis une décennie entière. Je ne savais pas comment je serai accueillie. S'ils avaient envie de me voir ou pas. S'ils m'en voulaient de les avoir laissés durant toutes ces années. Je savais seulement qu'il fallait que je sois avec eux pour pleurer Aymeric. Et qu'il ne restait plus aucun doute à l'intérieur de moi : je suis leur fille, leur sœur. Il ne restait que l'amour. Un amour infini.

L'église était bondée. Nous nous sommes glissés dans le fond, le plus discrètement possible. Je les ai tous revus de loin, les uns après les autres, et mon cœur a bondi, explosé, éclaté. J'ai réalisé à quel point ils m'avaient, tous, tellement manqué.

Le prêtre n'est pas venu au cimetière. C'est Maman, ma si belle Maman auréolée désormais de cheveux blancs, qui a pris la parole, pour réciter le psaume préféré de son petit-fils et nous rappeler qu'il savait dire « je t'aime » et qu'il avait raison : c'est quand ils sont vivants qu'il faut dire qu'on les aime aux gens qu'on aime.

Quand je suis arrivée dans la grande maison, nous ne nous sommes rien dit. Je suis tombée dans leurs bras, et eux dans les miens. Nous étions tous agglutinés les uns aux autres, comme attirés par un aimant. Un aimant d'amour. Nous sanglotions, tous. Nous sanglotions de chagrin et de joie. Quand Papa m'a prise contre lui, j'ai seulement réussi à articuler : « Je rentre à la maison. »

Plus jamais rien ni personne ne pourra me faire croire qu'ils ne sont pas ma famille.

Ralph les a découverts ce jour-là, éberlué par le lien qui nous lie les uns aux autres. La maison était pleine de mes frères et sœurs, qui étaient devenus des adultes, et de leurs enfants que je ne connaissais ou ne reconnaissais pas. Marie-Laurence, serrée contre Fleur, serrées contre Maman. Younouse, complètement chaviré, et Nary, Kim, son mari cambodgien et Alexandra, Amandine, Estelle, leurs trois princesses magnifiques. Virginie et ses enfants, Valentin et Pauline. Lina et son petit Thomas, qui souffre d'un retard mental, et dont le sourire dégage une lumière extraordinaire. Helen, ma belle Helen... Et puis Pierre-Vincent, le regard éperdu de chagrin, et le sourire courageux d'Alban... Cathy et sa fille Valentine n'avaient pas pu être là. Ricardo non plus, ni Quentin, sa femme Dorothée et Gwenaelle, Leny, Sarah, Savana, leurs petits. Ils étaient là quand même. Nous étions tous là, autour de Papa, pétrifié de douleur, et de Maman, en larmes, illuminée d'amour.

À un moment, Ralph m'a entourée de ses bras pour me murmurer : « Ils sont magnifiques. C'est le monde tel que je l'ai toujours rêvé. »

LE JOUR DE L'ENTERREMENT D'AYMERIC, toute ma vie a rebasculé vers eux. Maman, Papa, mes frères et mes sœurs. Et Maman Jeanne, dont la maladie avait réussi, un temps, à brouiller tous mes repères. J'ai demandé pardon pour ces années volées où je n'arrivais plus à être avec eux, et c'est comme si une porte s'était ouverte, une grande porte, grande ouverte sur un horizon immense et dégagé.

Je ne m'en suis pas rendu compte tout de suite. J'ai continué ma vie, toujours aussi tourbillonnante. Nous avons trouvé un appartement où nous installer, Ralph, Clémentine et moi : les deux derniers étages d'une maison donnant sur un jardin, en plein Paris, mais loin, loin de Montmartre. La propriétaire nous a choisis, nous, sans revenus fixes et sans caution, parce qu'elle aime les amoureux !

Ralph et Clémentine ont appris à faire connaissance. Ils se sont assez vite très bien entendus ;

c'est pour moi que les choses ont été plus difficiles. Ma délicieuse enfant est devenue une adolescente, tantôt charmante, tantôt enragée et furieuse; une vraie adolescente, quoi! J'ai éprouvé – comme on traverse une rude épreuve – la solidité et l'élasticité du fameux lien mère-fille dont j'avais moi-même une expérience «hors norme». Clémentine nous a bien remises, elle et moi, dans la norme! C'était dur, terrible même parfois, mais c'était vivant et sain. J'ai découvert avec surprise que je suis une mère solide et tranquille, sur laquelle mon chaton peut faire ses griffes sans m'atteindre en profondeur.

Je suis retournée le plus souvent possible à Roubaix, parfois avec Ralph et Clémentine, parfois seule. J'avais du temps à rattraper. J'avais besoin de retrouver Papa et Maman. De parler, de comprendre, pour réparer les années perdues. En passant du temps avec eux, j'ai réalisé que si ma psychothérapie m'avait aidée à ne pas mourir ces dernières années, c'est l'amour et le pardon qui m'ont vraiment guérie et ramenée à la vie. La vraie vie, celle qu'ils m'ont offerte depuis le jour où nous avons sonné chez eux, Maman Jeanne et moi.

Un jour, Maman est allée chercher dans son placard un gros cahier qu'elle a posé sur la table. Elle l'a poussé vers moi en disant : «Regarde, on t'a suivie partout.» Il était rempli d'articles de *Télé*

7 Jours, soigneusement découpés, collés, classés. Toute ma carrière, tous mes passages télé, pendant ces dix années : elle n'avait pas perdu une miette de ce que je faisais...

Maman était comme je l'avais quittée, mais encore plus remplie de cette chose indéfinissable qu'elle nomme «le Seigneur». Depuis longtemps déjà, ils cheminaient ensemble. J'ai retrouvé avec bonheur nos conversations à propos de mon père céleste, quand j'étais petite. Et sa manière de remercier le ciel tout au long de la journée. Elle m'avait raconté, un jour, sa rencontre avec Lui. Elle avait toujours cru en Dieu, mais ni plus ni moins qu'en tous les humains qu'elle avait croisés sur sa route. À un moment de sa vie, quelque chose n'allait plus. Malgré Papa qui l'aimait et qu'elle aimait ; malgré nous, les enfants qui lui tombions du ciel et qu'elle aimait si fort que nous l'aimions aussi, une sorte de désespoir montait en elle, qu'elle n'expliquait pas. Alors, elle faisait du tricot. Ou de la cuisine, du repassage. Du jardinage. Ça passait un moment, et puis ça revenait, elle ne savait pas d'où ni pourquoi. Jusqu'à ce que quelqu'un l'invite à une soirée de prière animée par un groupe du mouvement des chrétiens charismatiques. Elle y est allée par curiosité. «Et c'est là que j'ai compris tout l'amour de Dieu. Ça m'a brûlé dans le cœur, comme un baiser.» C'est assez mystérieux, comme explication, mais elle le dit avec tellement de conviction qu'on ne peut que la croire.

Les semaines qui suivent, la voilà transformée. Même Papa n'en croyait pas ses yeux. Il disait : « Je ne peux pas te regarder, tu rayonnes trop ! » C'était ça : elle rayonnait. Plus la vie avançait, donnait des coups et des cadeaux, des chagrins et des joies, et plus Maman brillait.

Peut-être était-ce pour briller un peu comme elle, qui ne nous parlait jamais de Dieu sans qu'on lui demande, mais répondait avec bonheur à nos questions, que j'avais demandé le baptême quand j'avais neuf ans ? Histoire de rendre un peu plus « palpable » ce père céleste que je sentais depuis toujours marcher à mes côtés et qui faisait briller Maman.

Ce baptême n'avait pas changé grand-chose pour moi. Et, la vie aidant, j'avais un peu perdu de vue les lumières célestes… Mais en la retrouvant, j'ai aussi retrouvé le bonheur de partager avec elle ces ponts entre terre et ciel. Ralph, mécréant de toujours, nous a emboîté le pas et notre nouvelle vie s'est peu à peu remplie de cette lumière dont Maman est nimbée depuis des années.

MARIE-LAURENCE ÉTAIT ÉPUISÉE par les années terribles durant lesquelles elle a vu s'éteindre Aymeric, petit à petit, sans rien pouvoir faire. Des années où je n'étais pas là. Je l'ai appelée et je lui ai proposé de l'emmener avec moi, quinze jours, à l'autre bout du monde, pour reprendre des forces. Nous sommes parties à Bali. Elle ne dormait pas ; elle n'était que douleur et colère. Elle parlait, et elle marchait. Nous avons parlé et marché, donc, des heures et des heures, au milieu des beautés de Bali, sans que rien ne puisse adoucir sa rage et sa peine. Je ne savais plus quoi faire. Comment lui dire que je comprenais cette rage et cette peine ? Et qu'un jour quelque chose lâcherait et rendrait la vie à nouveau possible ? Comment une maman en deuil de son petit peut-elle accepter d'entendre ça ? Pendant le voyage du retour, interminable, nous avons fait escale à l'aéroport de Kuala Lumpur. Sept heures dans la chaleur moite de la Malaisie. Elle était plus calme, enfin. Pas encore apaisée, mais quand même un peu rassérénée. J'ai réalisé que je ne l'avais jamais remerciée d'avoir accepté de partager ses parents avec nous tous. C'était le moment de le faire. Elle m'a regardée avec étonnement et m'a répondu d'un ton bourru : « T'es con ou quoi ? T'imagines l'ennui, si vous n'aviez pas été là ? » Ça m'a fait rire, un peu, et ça lui a arraché un sourire. Le premier depuis notre départ.

En rentrant je retrouve mon Ralph, merveilleux, et ma Clémentine, enragée. La vie, quoi ! Je continue de tourbillonner entre les conférences et les débats, les *Concert Privé* et autres émissions pour M6 et W9, dans lesquelles je reçois les uns après les autres Diam's, James Blunt, Yannick Noah, Zazie, Florent Pagny, Patrick Bruel, Jennifer, Calogero, Raphael, Christophe Willem ! Ils sont formidables, mais je sens monter dans mon cœur un souffle, une vibration, qui dit que ça suffit. Ce monde n'est plus vraiment mon monde, j'ai autre chose à faire de ce que j'ai appris durant toutes ces années.

À M6, on aime mes émissions, mais on s'étonne avec insistance et même agacement de me voir si peu hors antenne, dans les journaux où il faut être vue, dans les fêtes, les premières, les cocktails, sur les tapis rouges et sous les objectifs des photographes, et même, pourquoi pas, des paparazzi, qu'un vrai ou faux hasard place «miraculeusement» au bon endroit au bon moment. C'est aussi sur ce terrain-là que les chaînes se font la guerre. Mais moi, je ne veux pas de ce combat. Plus je regarde la télé – celle que je fais, et celle que je refuse de faire, mais qui existe aussi, et que les gens regardent aussi – et plus je réalise qu'elle ne raconte rien de ce que j'ai envie d'entendre et de voir. Rien de la réalité qui a marqué ma vie, à moi : de belles personnes, discrètes et modestes, qui transforment le monde discrètement et modestement. Rien de la vraie beauté des choses, et surtout des humains. Je commence à «rêver d'un autre monde», comme dans la chanson. Un monde où les médias ne seraient plus ce miroir aux alouettes, et aux oiseaux de mauvais augure, mais aussi le reflet de ce qui nous rend plus forts et plus beaux ; de ce qui nous élève et nous libère de toute la misère, même clinquante de paillettes, et de la haine qui tournent en boucle sur nos écrans. Évidemment, Ralph, avec qui je me suis fiancée très officieusement mais très sérieusement à la basilique du Sacré-Cœur, un jour de printemps, est absolument partant. Mais partant pour quoi faire ? Et comment ?

C'est en cherchant quoi imaginer pour donner corps à ce projet que je trouve son nom : ça sera le Projet Imagine. Comme l'autre chanson, celle de

Lennon, qui dit «*you may say I'm a dreamer, but I'm not the only one*» : vous direz peut-être que je suis une rêveuse, mais je ne suis pas la seule. Je veux que la télé montre aussi cet autre côté du monde, où les humains font preuve d'humanité, de créativité, d'amour – et alors, pourquoi pas ? – pour le transformer et le rendre meilleur. Et je sais quoi faire : il suffit de les filmer, sans tricher. De rencontrer ceux qu'on ne montre jamais, et de montrer qu'ils ne sont pas les seuls. De raconter leur histoire, leur combat et surtout, surtout, de rendre compte du résultat. Partout dans le monde, des humains comme mes parents, et tant d'autres, changent la vie d'autres humains ; la sauvent même parfois. Je veux qu'on parle d'eux, pour qu'ils nous donnent envie, à nous aussi, de changer la vie. Reste à trouver comment…

E N JUIN 2008, j'enregistre un magnifique *Concert Privé* avec Coldplay, le groupe de rock numéro un mondial du moment. Tout se passe à merveille : musique formidable, interviews sensibles et passionnées, belles images, bon son. Et une rencontre merveilleuse où je perçois déjà que naîtra une amitié sincère avec Chris Martin, le chanteur emblématique du groupe. Ralph est dans les coulisses, comme souvent. À la fin de l'enregistrement, je me tourne vers lui et je lis dans ses yeux qu'il sait déjà ce que je vais lui dire : c'est bon, ça suffit. Je suis allée au bout de cette vie-là. Je ne ferai pas une saison de plus. Il s'approche de moi et murmure en souriant : « Toi, t'es partie pour le Projet Imagine, on dirait. » On dirait, en effet...

Je ne dis pas à M6 que je m'en vais ; simplement, je pars en vacances et, à la rentrée, je n'appelle pas pour demander ce qu'on fait. Ni pour leur expliquer ;

ils ne comprendraient pas je crois. C'est trop tôt, je ne suis pas prête. L'urgence du moment, c'est de prendre mon temps. Sortir du tourbillon. Préparer le terreau, laisser germer l'idée, tout faire pour qu'elle fleurisse. Une bonne nouvelle n'arrivant jamais seule, Ralph décide, de son côté, de changer un peu son fusil d'épaule : après avoir œuvré comme consultant auprès des entreprises sur toutes les questions de diversité, voilà qu'il se tourne vers les énergies douces, une autre manière de changer le monde ! Ça lui va bien, énergies douces. Mais en attendant, il faut se rendre à l'évidence : nous n'avons pas un sou devant nous, ni l'un ni l'autre, et notre avenir matériel est plus qu'incertain.

Je m'en fiche. L'insécurité, je connais. Sans parler de mon enfance qui fut un sacré apprentissage, depuis que je travaille j'ai dû signer tout au plus quatre « vrais » contrats de salariée, qui prévoient un début, une fin et un salaire garanti. Tout le reste, ce sont des missions, et des émissions, intermittentes, reconduites ou non les unes après les autres, et plus souvent effectuées à l'étranger : je ne possède aucun patrimoine, et je n'aurai pas de retraite. Mais j'ai le sentiment que je n'ai jamais manqué de rien, que son père et moi avons assuré à Clémentine une vie confortable et équilibrée, et que j'ai toujours été capable de m'en sortir. Même si j'arrête la télévision, il me reste les conférences et les débats, que j'anime dans le monde entier depuis plusieurs années déjà. C'est ça, mon projet : gagner ma vie avec ces missions-là, et mettre tout le reste de ma créativité, de mon savoir-faire, de mon temps et de mon énergie dans le Projet Imagine.

Le premier acte concret de ma nouvelle vie peut sembler futile ou stupide. Il est pour moi fondamental et vertigineux : je prends rendez-vous avec un coiffeur africain, ami de Ralph, et je lui demande de m'aider à réussir mon délissage. Depuis que je suis enfant, mes cheveux crépus sont une préoccupation, un souci, un stigmate, presque, de mes efforts pour entrer dans le rang. «Avoir l'air normale», quand j'étais petite, c'était ne pas avoir de poux, ni la galle, et faire en sorte que ma tignasse ne me fasse pas sortir du lot. Dès que j'ai pu, dès que j'ai su, au grand désespoir de Maman qui adorait mes frisettes vaporeuses, j'ai tiré sur ces cheveux encombrants pour les discipliner, et avoir l'air de ce que je voulais être : une écolière ordinaire, une collégienne comme les autres ; une lycéenne standard ; une étudiante parisienne conforme à l'image qu'on attend d'elle ; une animatrice de télévision exotique, peut-être, mais lisse et élégante, surtout. Je ne suis pas folle, j'ai observé autour de moi : on ne voit aucune femme de télévision, noire ou métisse, qui laisse friser ses cheveux. Aucun des coiffeurs qui ont pris soin de mon image pendant toutes ces années n'a envisagé, à une seule reprise, de libérer ma chevelure de ce carcan. Des anglaises, pourquoi pas. Mais à l'africaine ? N'y pensons même pas. C'est trop « segmentant », disent les études marketing.

Ma jolie Clémentine, qui a hérité de mes cheveux crépus, n'a jamais envisagé de les lisser. Elle est fière, au contraire, d'accentuer son africanité ; de la revendiquer, presque, avec superbe. Je sais qu'elle a raison ; je vois comme elle est belle. N'empêche que dans « mon milieu », ça ne se fait pas.

Je le fais, pourtant. C'est le début de ma métamorphose. Je veux me dépouiller de mes « habits de lumière », me rejoindre moi-même sans peur et sans armure, comme Don Quichotte ! Et la première étape, c'est enlever mon casque et découvrir mon nouveau visage. Mon vrai visage. J'ai peur, parce que je ne l'ai jamais vu, et Ralph non plus. Et si, et si, et si ?...

En sortant de chez le coiffeur, j'avais l'impression de marcher nue dans la rue. Je suis rentrée à la maison inquiète et fragile. Quand Clémentine m'a vue, elle s'est mise à pleurer et m'a serrée dans ses bras. Ralph, lui, n'en revenait pas. Il a aimé, immédiatement. Chapitre clos. Mais quelle victoire pour moi !

Le passage chez le coiffeur n'a pas été le passage le plus difficile de ma mue. J'ai commencé ma nouvelle vie en même temps que commençait l'énorme crise économique qui secoue notre monde. Ses ravages sont une raison de plus, pour moi, de porter mon projet. Plus les télévisions nous bombardent d'images de souffrance, d'hostilité, plus les annonceurs déploient de subterfuges pour nous vendre du rêve clinquant et nous faire croire que consommer est la seule manière d'être vivant, et plus nous avons besoin d'avoir accès à autre chose. Encore faut-il qu'un «autre chose» parvienne jusqu'à nous...

Pour commencer, plus rien ne me parvenait à moi : à la rentrée de septembre 2008, une fois refermé le dossier *Concert Privé*, mon téléphone s'est arrêté de sonner. Pas tout de suite. Les «amis» ont continué à appeler, une fois ou deux : «Salut Fred, t'es sur quoi en ce moment? – Je suis sur un projet très personnel. – Cool, et c'est pour quelle chaîne? – Rien de programmé, je travaille. – Ah...» J'aurais pu, bien sûr, appeler mon réseau et embarquer avec moi un des groupes audiovisuels avec lesquels j'avais collaboré toutes ces années. Mais je savais, d'avance, ce qui se passerait. Comment le Projet Imagine serait avalé, dépecé, et mis à l'antenne entièrement vidé de son âme. Le travail de ces groupes, c'est de faire de l'argent. Et pour faire de l'argent, il faut faire de l'audience. Les couloirs et les bureaux des télévisions et des boîtes de production sont peuplés de super pros qui savent très bien comment faire de l'audience, pour faire de l'argent. En étant plus ou moins – parfois plus, parfois moins – regardants sur la méthode. Mais moi, justement, j'avais décidé de regarder, enfin. De très près, même. Je savais, je sais, que la seule manière de faire d'Imagine un projet sincère, vrai, et donc puissant, c'est de ne pas donner les rênes à ceux dont le métier est de faire de l'argent.

En attendant, la crise me touche de plein fouet, personnellement : même l'agent chargé de mes missions d'animation de débats et de congrès ne m'appelle plus. La récession fait peur, et, dans ces premiers mois, les entreprises font profil bas. Commence une longue traversée du désert. Des mois de silence, et rien qui bouge. Je peaufine le Projet Imagine, je vois apparaître ce qu'il pourrait devenir : un véritable média philanthropique, autant dire un ovni ! Cette fois, il ne s'agira pas de faire du profit mais de redistribuer, et d'être utile au plus grand nombre ; de faire savoir comment de belles personnes fabriquent des miracles, dans l'ombre. La télévision montre de plus en plus souvent le pire ; je voudrais, moi, montrer le meilleur : les humains, quand ils font le choix de privilégier l'autre, et qu'ils décident d'aller au-delà de leur destin personnel pour lui tendre la main. Il n'est pas question d'un «journal des bonnes nouvelles», qui ne montrerait que ce qui va bien ; au contraire, il s'agit de parler de la réalité, mais avec espérance. De mettre en lumière des personnes – des héros – qui, au premier abord, peuvent sembler ordinaires. Des Monsieur et Madame Tout-le-monde qui nous ressemblent, mais dont on découvre qu'ils ont mené des actions formidables, époustouflantes, encourageantes.

C'est ça que je veux. Je vais utiliser tout ce que j'ai appris des médias pour montrer des humains formidables et modestes, porteurs d'une nouvelle fabuleuse : tout est possible ! Des gens comme nous, qui nous donneront envie de nous lever à notre tour pour rejoindre la cohorte de ceux qui agissent, qui aident, qui aiment… Et, pour éviter toute ambiguïté ou récupération, le Projet Imagine s'appuiera uniquement sur les dons et le mécénat.

Plus j'en parle autour de moi, et plus on me signale ces «héros» inconnus. Tout le monde est enthousiaste à l'idée du projet. Mais personne ne sait comment m'aider, ni ne fait rien pour ça.

Je sens bien qu'il faudrait que ma nouvelle vie décolle un peu, que le mouvement reprenne. Mais le seul mouvement, durant ces mois de désert, c'est Clémentine, qui rue et qui se cabre d'avoir dix-sept ans. En la voyant tempêter et hurler contre la terre entière, et enrager de me voir rester calme face à tant de colère, je me souviens du jour où Maman m'a expliqué, très tranquillement, que ce qu'on ressent n'est pas toujours la réalité. Clémentine se sent mal aimée quand je reste impassible face à ses révoltes, alors que j'appelle à la rescousse tout l'amour qui nous lie pour ne pas fléchir sous ses attaques. Tout est tellement à vif, chez elle, que mon calme lui est insupportable. Je sais, moi, que c'est parce que nous nous aimons si fort que la crise est si aiguë, mais elle est à mille lieues de ces considérations.

L'épreuve est rude. Elle décide finalement d'aller vivre chez son père, puisqu'elle en a la possibilité et que sa mère ne cède pas sous ses griffes d'adolescente. Je la laisse partir, le cœur en berne mais l'esprit tranquille. Je sais qu'une fois le calme rétabli nous nous retrouverons très vite.

Je vais de temps en temps à Roubaix, avec ou sans Ralph. Maman n'a pas renoncé à ouvrir sa porte à qui en a besoin. La maladie de Thomas, le fils de Lina, a augmenté son envie d'accompagner aussi les « simples d'esprit », comme on dit dans la Bible. Papa est plus réticent : il a toujours pensé qu'il ne saurait pas, et qu'accueillir ces gens-là est au-dessus de ses forces. C'est sans compter le flot d'amour incontrôlable de sa chère et tendre épouse. Dans la rue de la grande maison, un foyer, Les Papillons Blancs, abrite des adultes déficients mentaux. Il faut les voir entourer Maman, comme une nuée de papillons, dès qu'elle franchit leur seuil ! Évidemment, ils sont aussi les bienvenus à la maison, et leur bonne humeur communicative la remplit de joie.

Et comme ça ne suffit pas, elle récupère parfois, pour quelques jours, un ou deux pensionnaires d'une maison de vie tenue par l'un de ses amis qui réclament régulièrement «dodo chez Maté». Elle accueillerait la terre entière, si on la laissait faire.

Je continue d'aller voir Maman Jeanne, aussi. Parfois, je viens pour rien : pendant des jours elle me supplie de faire le voyage pour lui rendre visite et, quand j'arrive, elle refuse de m'ouvrir sa porte. Mais, la plupart du temps, elle est contente de me voir. Je m'assieds et nous restons là, enfermées dans sa fumée et dans ses souvenirs changeants... Je ne parviens même plus à la convaincre de monter dans ma voiture pour aller respirer dehors, admirer les arbres et les fleurs, regarder les enfants jouer dans les jardins, marcher un peu. Elle est claquemurée chez elle, emprisonnée dans sa camisole chimique et terrifiée par le monde entier, elle qui n'avait peur de rien... Est-ce sa pathologie qui l'a mise dans cet état, ou des années de misère, de chagrin et de traitements de choc ? Un peu tout ça, sans doute. Mais je ne peux pas m'empêcher de penser que si on lui avait proposé, au lieu de tous ces médicaments et ces enfermements, un endroit clair et rassurant, où elle aurait pu peindre, sculpter, dessiner, être l'étrange personne qu'elle est, sans devoir absolument rentrer dans la norme, sa vie aurait été plus douce. Et ne l'aurait pas dégradée à ce point...

La nuit, elle dessine, aux feutres, de grands dessins colorés, souvent couverts de fleurs. Quand je m'en vais, elle me les confie comme autant de chefs-d'œuvre en chuchotant : « Cache-les bien, surtout... »

Nous commençons à manquer d'argent, Ralph et moi. Un jour, Marie-Laurence, qui va beaucoup mieux et qui vit désormais dans une yourte, dans le sud de la France, avec son nouvel amoureux, m'appelle pour prendre des nouvelles. Je réponds vaguement, en évitant de mentir ou de l'affoler. Elle met cartes sur table : elle était en train de prier, et elle a senti que j'avais besoin d'aide. Elle qui a toujours été fauchée dispose, par miracle, d'un petit pécule : il est pour nous. Je commence par refuser. J'en parle à Ralph, qui est gêné qu'elle ait même pensé à nous le proposer. Il nous faut un peu de temps pour comprendre, et surtout pour apprendre : savoir donner, c'est aussi savoir donner à l'autre la possibilité d'aider. C'est grâce à Marie-Laurence, au reste de la famille et à quelques amis, des vrais, que nous avons traversé ces interminables mois de désert. Et appris à recevoir, simplement...

Un matin d'hiver, début 2010, il a neigé. Tout semble immobile, figé de blanc, à Paris comme dans ma vie : mon agenda est si vide, depuis si longtemps, que je ne sais pas du tout comment tout ça va finir. Le Projet Imagine est là, dans mon cœur et dans mon ordinateur, prêt à éclore. Mais je ne vois pas les prémices d'un quelconque printemps. Depuis un an et demi, bientôt deux, je ne travaille presque plus. Et je découvre pour la première fois de ma vie que quand on ne travaille plus sans l'avoir décidé, tout s'arrête peu à peu. Comme en hiver, quand la sève ne circule plus. Mon projet est prêt, mais je suis en apnée, en position de survie. Je n'ai plus aucun moyen de le faire avancer.

Pour sortir de ma torpeur et me réchauffer un peu, j'enfile mes après-skis et je vais marcher et prier le long de la Seine, sur les quais enneigés. C'est très beau. À un moment, je sens que quelque chose lâche en moi. Je comprends que ce projet n'est plus à moi, qu'il faut que je le dépose pour qu'il prenne son envol. Je le remets à mon père céleste, pour qu'il en fasse ce qu'il veut. Et je rentre à la maison, légère.

Le lendemain, miracle, le téléphone recommence à sonner ! Mon agent a besoin de moi pour animer une convention ! Je n'en reviens pas : j'avais presque fait mon deuil de cette activité-là. Puisqu'on ne me voit plus à la télévision, pourquoi aurait-on envie de me payer pour que je grimpe sur une estrade, un micro à la main ? Et comment ces clients vont-ils réagir quand ils vont voir arriver, à la place d'une belle image lisse et apprêtée, une petite métisse nature et frisée ? Ils réagissent avec surprise, mais bien. Et même de mieux en mieux. Comme si ce que j'avais perdu en sophistication de la forme, je l'avais gagné en efficacité sur le fond.

Les affaires reprennent ! La sève et l'énergie circulent à nouveau. Tout s'accélère même en quelques jours. Je rencontre Serge Michel, journaliste, Prix Albert Londres, qui s'emballe pour le Projet Imagine et m'encourage à choisir, dans un premier temps, une diffusion sur le Net. C'est une si simple et si bonne idée que je me demande bien pourquoi je n'y avais pas pensé ! Il me présente la réalisatrice Carole Cheysson, qui s'enflamme à son tour. Tous les deux me convainquent avec enthousiasme : les héros anonymes dont le Projet Imagine racontera l'histoire dans son premier film, ce seront mes parents. Puisque c'est dans leur amour et leur lumière que j'ai pris racine, en même temps que tous mes frères et sœurs, et tous les égarés de passage qui sont venus reprendre des forces dans la petite, puis dans la grande maison.

J'appelle Maman pour lui parler de cette idée, et lui demander d'organiser un grand week-end familial pour qu'on puisse décider tous ensemble. Elle obtempère avec enthousiasme.

Quel week-end incroyable nous avons partagé ! Presque tout le monde était là : enfants, petits-enfants, nous étions une bonne quarantaine à nous retrouver chez les parents. J'ai expliqué le Projet Imagine ; ils étaient tous ravis. Papa, surtout, qui a passé sa vie à s'engager dans le monde associatif pour que le monde change. J'ai bien vu, dans sa joie, qu'il me disait : « Vas-y ma fille, prends le relais ! » Et puis j'ai dit que j'aimerais beaucoup que notre premier film raconte l'histoire de notre famille extraordinaire, et là, les mines se sont carrément renfrognées. Une fois déjà, il y a très longtemps, Claude Lelouch, rien que ça, est venu tourner un gros reportage sur notre famille. C'était à l'époque où Papa était très impliqué à Terre des Hommes, il était venu filmer le résultat concret de ce que peut être l'adoption. J'ai compris leur réticence, je la connais très bien. Nous ne sommes pas des animaux de foire, qu'on viendrait voir comme au zoo. Et puis, c'est désarmant, mais mes parents se demandent très sincèrement ce que nous avons de si exceptionnel pour qu'on nous consacre un film, même court ?

J'avais prévu ces réactions, et je les trouve justes : j'ai passé ces quinze dernières années à veiller avec férocité à ce qu'aucune caméra, aucun appareil photo, ne vienne récupérer les images de ceux qui me sont les plus chers, ce n'est certainement pas pour les jeter moi-même en pâture au grand public. Mais j'ai une idée : ce film, nous le ferons avec des photos et des documents d'archives. Aucun d'entre eux ne sera filmé aujourd'hui, et donc reconnaissable. Et c'est moi qui raconterai l'histoire. À ces conditions, tout le monde est d'accord.

Nous avons passé le week-end à visionner des photos, des diapos et des films, à laisser remonter avec délice et tellement de rires et d'émotions nos souvenirs d'enfance : la fois où on a oublié de se compter avant de repartir et où on a laissé Helen sur une aire d'autoroute, après une pause pipi ; et celle où Pierre-Vincent a convaincu Younouse et Quentin de sauter de la fenêtre du premier étage, « pour voir si ça fait mal » ; le jour où Virginie, exaspérée par les blagues de ses frères, a fait semblant d'attaquer le moignon de Pierre-Vincent au couteau sous le regard éberlué de quelques invités, au milieu de nos hurlements de rire. C'est comme ça une famille : plus elle est nombreuse, et plus sont nombreuses aussi les blagues stupides qui ne font rire que ceux qui font partie de la tribu... En repartant, j'ai embarqué à Paris les cartons de photos préparés par Maman, pour les confier à Carole. C'est elle qui réalisera le premier film du Projet Imagine, que nous avons déjà choisi d'appeler *La Genèse*. Moi, je ne peux pas : je ne saurais pas prendre le recul nécessaire pour travailler correctement.

Nous n'avons aucun moyen financier pour nous lancer dans l'aventure, et produire de l'audiovisuel coûte une fortune : il faut louer caméras, micros, lumières, et surtout il faut des caméraman, ingénieur du son, assistant... Nous nous débrouillons avec les moyens du bord. Carole est en plein tournage d'un reportage pour France 5. Elle utilisera le matériel mis à sa disposition pendant les heures où il ne sert pas pour venir m'interviewer chez moi. Je ferai l'assistante le temps des réglages avant de m'installer devant la caméra pour devenir le sujet. On est loin de la grosse cavalerie de mes dernières émissions de télé ! Ça me va, c'est parfait. Carole est une jeune réalisatrice brillante au cœur droit et sincère, une belle professionnelle. Notre intention est juste, ça compensera notre pauvreté technologique.

Mais voilà, catastrophe ! Le jour prévu pour le tournage, France 5 a récupéré la caméra... Depuis quelques mois, nous logeons à la maison une amie cambodgienne, Bao (ça veut dire « trésor » en chinois !), qui ne savait pas où se poser en rentrant d'une mission humanitaire en Thaïlande. Puisque ma Clémentine a abandonné sa chambre, nous la lui avons prêtée. Quand elle comprend que notre organisation est en train de capoter, Bao la bien nommée appelle un ami, réalisateur de clips vidéo, qui accepte de voler à notre secours, sans même nous connaître. Une caméra, pour un professionnel, c'est précieux comme un trésor : ça ne se prête en aucun cas. Je ne sais pas ce que Bao lui a raconté, mais son ami Benoit Régis, que tout le monde appelle Béair, nous la prête, lui. Et prend même le temps de traverser tout Paris pour nous l'apporter et nous aider à régler les lumières avant de repartir discrètement pour nous laisser travailler.

La semaine d'après, il refait le trajet pour nous prêter à nouveau le matériel nécessaire à filmer une séance diapos que nous avons eu l'idée d'ajouter au film. Il ne nous connaît toujours pas, et n'a aucune idée de ce qu'est le Projet Imagine. Cette fois-ci, je lui propose de rester. En voyant défiler les photos de ma famille, il est bouleversé. Il veut comprendre, et contribuer. J'explique un peu. Quand il repart, Béair me propose sa collaboration au projet. Il me regarde droit dans les yeux en disant : « Si tu as besoin de moi, je suis là. » C'est une promesse que je n'oublierai pas.

Mi-février, le film est presque prêt. Sept minutes vingt d'humanité, au milieu des photos des miens, joyeuses et émouvantes, pour expliquer les racines, l'esprit du Projet Imagine ; une première petite goutte dans l'océan dont je rêve ; les premiers pas tangibles de ma grande aventure... Quand je suis retournée à Roubaix pour le faire visionner à ma tribu, j'avais un trac fou. Il s'est envolé lorsque Marie-Laurence a brisé le silence qui a suivi la projection en murmurant : « Qu'est-ce que tu parles bien de nous... » Ouf. S'ils adhèrent, eux, c'est que je suis dans le vrai, et que mon projet est juste.

Un matin, j'étais partie respirer le long de la Seine, j'ai revu cet autre matin enneigé où tout semblait presque mort. Quel chemin parcouru en quelques semaines ! Et que dire, alors, de ces quinze dernières années ! Les images ont défilé, comme un flashback accéléré : les artistes, les paillettes, les avions, les rencontres... Je me suis souvenue des Victoires de la musique, présentées en 2001 au temps de mes débuts et de la splendeur de Jean-Luc Delarue. Lui est en plein chaos, et moi si loin, loin, loin de tout ça, désormais. J'en suis heureuse, même si je sens aussi un petit pincement au cœur. J'ai vraiment aimé ces années, mais je sais qu'il est plus que temps que j'en fasse mon deuil. Définitivement.

Deux jours plus tard, à ma grande surprise, je reçois un coup de fil de l'équipe de Nagui. Nous n'avons jamais été très potes, lui et moi, pour une raison simple : *Concert Privé* et *Taratata* étaient des émissions concurrentes, ce qui nous mettait en position de rivalité. Dans le petit monde de la télévision, ces choses-là se règlent souvent à couteaux tirés. Mais Nagui n'est pas rancunier, il m'invite à participer, avec tous les autres animateurs qui y ont déjà contribué... à la présentation des vingt-cinquièmes Victoires de la musique ! Comme s'il avait lu dans mes pensées ! Je le prends comme un signe, un cadeau, un test grandeur nature, et même taille extra-large : cette soirée est une sorte de concentré, de quintessence du monde dans lequel j'ai vécu, et auquel j'appartenais ces dernières années. Quel meilleur moyen de savoir si je suis vraiment prête à le laisser derrière moi ?

Je décide d'accepter. De retourner, une dernière fois, jouer avec les feux de cette rampe-là pour être sûre que je n'en veux plus et que je ne les regretterai pas. Ou qu'ils ne me rattraperont pas, malgré moi. Mon prix à payer, c'est que je dois expliquer à ma Clémentine, qui n'en a pas tout à fait fini avec les affres de son adolescence, que sa maman ne pourra pas être là le soir de ses dix-huit ans pour cause de *come-back* – tout à fait provisoire – à la télévision... Elle encaisse le coup, mais elle comprend. Elle est formidable, ma princesse.

Je ne sais pas si je pourrai parler du projet pendant le direct des Victoires, mais je veux absolument que le premier film soit en ligne ce jour-là, pour que je puisse l'annoncer si l'occasion se présente. Et peut-être aussi pour qu'il m'accompagne et qu'il me protège des dangers que je pars affronter en retournant dans l'arène. Une boîte de prod, spécialisée dans les web-docs et même fraîchement oscarisée pour l'un d'entre eux, m'aide à créer un site Internet. Parallèlement, tous les membres de ma petite équipe travaillent comme des fous pour terminer *La Genèse* à temps. Mission accomplie : le 5 mars 2010, tard dans la soirée, le film est complètement fini, et mis en ligne sur notre site flambant neuf.

Je n'ai plus qu'à replonger dans mon passé, le temps d'une soirée. Coiffeur, maquilleur, robe de princesse, talons vertigineux, excitation et affolement des *backstages*. Et toute la fine fleur des médias et du show-biz qui défile sur le tapis rouge du Zénith de Paris. Quelles drôles d'impressions ! Je me sens comme une revenante qui ne fait que passer, à la fois actrice et spectatrice de ce remue-ménage que je connais si bien. « Fred ! On ne te voit plus, qu'est-ce que tu deviens ? » La même question, à l'infini, posée par les uns avec perfidie ou condescendance, par les autres avec politesse ou sympathie. Quoi répondre, en quelques mots, à tous ces gens qui n'ont pas le temps d'écouter vraiment ce que j'aurais à raconter ? Comment réussir à les extraire, même une poignée de secondes, de cette agitation qui les occupe entièrement comme elle m'a occupée, moi aussi, pendant si longtemps ? Je sens que ce n'est ni le jour ni le moment. Le Projet Imagine est prêt. Il a besoin de tous ceux qui veulent bien, et peut-être sont-ils quelques-uns parmi cette petite foule. Mais sûrement pas ce soir...

Je me concentrerai donc sur mon autre objectif. Quand je croise Nagui, je le remercie pour son invitation et lui demande la permission d'embrasser ma fille en direct pour ses dix-huit ans. Il m'explique gentiment que ce n'est ni le moment ni l'endroit. Je pense qu'il a raison, mais je devais quand même essayer. Tant pis !

Quand vient mon tour de prendre la parole, accompagnée de Christian Morin, devant les six mille invités qui remplissent le Zénith de Paris et des millions de téléspectateurs, problème technique ! Nous voici, Christian et moi, seuls avec nos micros, tenus de « meubler » sans filet jusqu'à ce qu'on nous dise, dans l'oreillette, que l'incident est terminé. Il réagit vite, mais le temps s'arrête et s'éternise. Je dois venir à sa rescousse. J'ai un millième de seconde pour choisir entre Imagine et Clémentine. Je prends une grande inspiration, et j'explique au parterre de VIP que j'ai sous les yeux et à la France entière qui nous regarde qu'aujourd'hui ma fille a dix-huit ans. Et je lui chante joyeux anniversaire, en direct, le plus tranquillement que je peux. Pas un des professionnels des premiers rangs n'a moufté ; ils semblent tous un peu gênés pour moi. Certains écriront même dans les colonnes de leur journal, ou sur leur site Internet, que j'ai pété les plombs. Je m'en fiche ! Le soir de son anniversaire, lovée dans les bras de son amoureux sur le canapé du salon, ma fille a vu débouler sa maman sur grand écran, qui chantait juste pour elle. Et je sais qu'elle a hurlé de joie.

Dans les coulisses, quand je suis sortie, j'ai croisé Nagui. Il m'a d'abord fait les gros yeux, puis un clin d'œil, avant de marmonner quelque chose qui disait que tous ces gens sont tellement froids... Tu as raison, Nagui : moi, ça y est, j'ai choisi. J'opte définitivement pour la chaleur, l'espérance et l'humanité. Cette fois, j'en suis absolument certaine : je quitte ce monde de la télé, libre et sans aucun regret. Et je sais que ça va me rendre infiniment heureuse.

Mon projet n'est plus de briller avec eux. Mon projet s'appelle Imagine, et il fera briller ceux que la télé a l'habitude de laisser dans l'ombre. Je sais parfaitement à quoi je veux qu'il ressemble : il aura la beauté de tous ces héros qu'il va mettre en lumière. Ce soir-là, je sais même, très clairement, qui sera le premier d'entre eux : il s'appelle Ryadh Sallem, il est sportif handisport de haut niveau, champion de natation, de basket et de rugby, et il passe sa vie à donner envie de vivre aux gens comme lui, et aux autres. Mais c'est déjà une autre histoire.

Le lendemain matin, Danny, la maman de Ralph, qui a suivi l'émission à la télévision, m'a téléphoné. Avant de raccrocher, elle a dit très doucement : « Maintenant que tu as quitté l'ombre des projecteurs, tu vas pouvoir entrer dans la lumière. »

D<small>EPUIS CETTE SOIRÉE DES V<small>ICTOIRES</small>,</small> les prodiges n'ont cessé de s'enchaîner. C'est grâce à eux, rebondissement après rebondissement, que le Projet Imagine existe désormais.

Il balbutie encore, mais il a généré, déjà, des rencontres magnifiques, des amitiés indéfectibles, des réseaux précieux, des idées explosives, des projets formidables, et quelques films magnifiques... J'ai même été invitée à Genève par l'ONU pour parler du rôle spécifique des médias dans l'éducation aux droits de l'homme. Et au Chili, pour réfléchir à un *Proyecto Imagina* pour l'Amérique latine !

Et puis il y a ce livre, que je n'aurais jamais eu l'idée d'écrire si un éditeur ne m'avait pas convaincue que cette histoire, mon histoire, porte en elle l'essence même de mon projet. Que seraient devenues cette petite fille que j'étais et sa Maman

Jeanne si leurs pas ne les avaient pas portées jusqu'à la petite maison de Croix ? Qu'aurait été ma vie sans cette rencontre extraordinaire avec ces parents et cette famille extraordinaires ? On nous parle de partage, de solidarité, de tolérance. Mais que serait-il advenu de nous, et de tous mes frères et sœurs, si Papa et Maman nous avaient seulement «tolérés»?

Arrêtons de nous raconter des histoires. Ce n'est pas la tolérance qui sauve. C'est l'amour.

C'est ce que j'ai reçu, et c'est inestimable.

Remerciements

Un immense merci à mes parents, mes frères et sœurs, à ma fille et à mon chéri. Chaque page de ce livre, et donc de mon histoire, vibre de vous ! Vous êtes mon plus beau cadeau (un cadeau que je ne peux m'empêcher dorénavant de partager !).

Merci à toi Jean-Baptiste de m'avoir convaincue de travailler sur ce livre. Merci de m'avoir présenté Valérie. Et merci surtout de m'avoir accompagnée tout au long de ce processus, avec énormément de douceur et d'attention. Tes conseils ont toujours été avisés et d'un profond respect.

Merci à toi ma Valérie pour ton écoute si bienveillante. Tu as su trouver les mots qui donnent vie sans juger, qui disent la bonté dans sa réalité.

Cet ouvrage a été achevé d'imprimer sur Roto-Page
par l'Imprimerie Floch à Mayenne (53) en septembre 2013.

ISBN : 978-2-35204-284-6
N° d'impression : 85588
Dépôt légal : octobre 2013
Imprimé en France